VIE DE MERDE

Maxime VALETTE & Guillaume PASSAGLIA

ILLUSTRATIONS DE PÉNÉLOPE BAGIEU

VIE DE MERDE

privé©

Ouvrage publié
sous la direction de Sophie Charnavel

SOMMAIRE

RECOMMANDATIONS

Les bonnes VDM ça se partage! N'hésitez donc pas à cocher ou à commenter vos anecdotes préférées pour que ce livre soit un ambassadeur de votre humour auprès des lecteurs qui suivront. Et puisqu'une VDM, ça n'arrive pas qu'aux autres, vous trouverez, à la fin de chaque chapitre, des encadrés réservés à vos propres anecdotes. Un moment de solitude? Besoin de prendre la vie du bon côté après avoir vécu un petit malheur? Extériorisez, écrivez, partagez.

GRANDS MOMENTS DE SOLITUDE

Se taper la honte, prendre un vent, se manger un râteau… Certains en font un grand art. À petite dose et heureusement pas tous les jours, la honte c'est bien, ça apprend l'humilité, un vrai vaccin contre l'arrogance. Si les survivants du pire sont capables de le raconter ici, c'est qu'ils sont toujours debout. Comme quoi… l'autodérision est le meilleur instinct de survie.

Aujourd'hui, je monte dans un ascenseur bondé et, avisant un petit gamin tassé contre la porte qui se referme, je lui dis : « Recule, mon lapin, sinon tu vas te faire coincer ! » Sauf que le « lapin » se retourne vers moi, et je réalise que c'est un nain adulte, qui doit avoir dans les 50 balais. VDM

Aujourd'hui, alors que j'étais légèrement en retard pour le boulot, je cours pour chopper le métro, je glisse sur le dernier virage et tombe lamentablement. Les portes se ferment, et les gens se marrent. VDM

Aujourd'hui, dans le métro, je regarde un mec dans le genre super canon, et miracle, il me regarde ! J'esquisse des sourires, je minaude dans mon coin, j'ose un demi-clin d'œil. Au moment de sortir, il s'approche de moi et me glisse un « ta braguette est ouverte » avant de disparaître. VDM

Aujourd'hui, j'appelle une agence pour un problème de fosse septique. Deux employés arrivent, je les emmène dans le jardin pour leur montrer le couvercle de la fosse. Ils l'ouvrent, et on aperçoit une marée de capotes qui flottent à la surface. Je ne mets pas de capote avec ma femme… VDM

Aujourd'hui, la fille que je convoite depuis un an et demi m'appelle sur mon portable pour me dire : « Salut on sort ensemble ? » Je lui dis : « Ouais pourquoi pas ? » Elle me demande : « C'est qui... ? » Elle s'était trompée de numéro... VDM

Aujourd'hui, ou plutôt hier soir, j'étais au lit avec ma copine, nous étions en pleins ébats amoureux, et lors de la jouissance ultime de cette dernière, elle a poussé ce cri : « OH, OUI PIERRE, CONTINUE !!! » Je m'appelle Kévin... VDM

Aujourd'hui, ou plutôt hier soir, j'ai regardé un film X avec ma copine sur le portable, avant de finir la soirée en galipettes (en laissant l'ordi tourner). Cet aprèm', en voulant montrer les photos de notre séjour à toute sa famille, ma copine branche l'ordi et le sort de sa veille prolongée... VDM

Aujourd'hui, j'ai imité Dark Vador pour faire rire la fille d'un ami... devant son père, qui vient d'être opéré d'un cancer de la gorge. VDM

Aujourd'hui, j'ai reçu l'accusé de réception d'un texto que j'ai envoyé il y a une semaine à un ami, dans lequel j'ai traité sa mère de «fuckeuz» (pour déconner), la même mère qui… est morte il y a 2 jours. VDM

Aujourd'hui, j'écris à mon amie sur MSN, et c'est sa colocataire, connectée sur son compte, qui me répond : «dsl, c'est pas Marie, elle est chez son copain. » J'ai bien cherché, elle n'est pas chez moi. VDM

Aujourd'hui, c'est la première fois que je couche avec ma copine, manque de bol, après l'acte, je suis pris d'un terrible mal de ventre et je lâche à mon insu un pet tonitruant. Je suis pas sûr d'être encore avec elle demain. VDM

Aujourd'hui, j'ai dit à une fille, après une blague de merde : «Tiens, voilà une corde pour te pendre. » Sa mère s'est suicidée en se pendant il y a une semaine. VDM

Aujourd'hui, la fille sur qui je suis à fond veut absolument savoir sur qui je suis à fond ! VDM

Aujourd'hui, ma copine de 19 ans m'a largué en me disant que j'étais immature. J'ai 30 ans. VDM

Aujourd'hui, je faisais l'amour avec mon copain. Quand nous avons changé de position, il a crié : « Transformation Power Rangers ! » VDM

Aujourd'hui, je vois revenir un collègue avec des béquilles et je lui dis : « Ah, toi, t'as été au ski ! » Une collègue rit jaune, me prend à part et me dit : « Belle gaffe ! Il a perdu une jambe dans un accident de voiture, y a un an, et là il vient de changer de prothèse… » VDM

Aujourd'hui, je me suis fracturé une cheville
en glissant dans ma salle de bains. Impossible
de sortir, mais j'ai pu appeler les pompiers
de mon portable. Ils se sont bien régalés
quand ils ont défoncé la porte et qu'ils
m'ont trouvée, nue sur le carrelage, juste
recouverte d'une serviette. VDM

Aujourd'hui, en me levant et en allant dans le salon, j'ai glissé sur un préservatif usagé. Je vis seul avec ma fille de 15 ans. VDM

Aujourd'hui, ma copine m'a raconté que, suite à la soirée d'hier, elle s'est réveillée avec un autre pantalon que le sien. VDM

Aujourd'hui, tenaillé par la faim, j'ai ouvert le frigo et j'y ai trouvé un pâté que j'ai englouti en 30 secondes. Une heure plus tard, ma copine m'a demandé ce que j'avais fait du reste de pâtée pour chat. VDM

Aujourd'hui, je dois dormir et dîner pour la première fois chez ma copine. Je n'ai jamais rencontré ses parents, je fais donc en sorte d'être présentable, mais je vais aussi acheter une boîte de préservatifs à la pharmacie au cas où la soirée se termine bien. Ce que j'ignorais, c'est que son père était pharmacien, et que finalement je le connaissais depuis peu… VDM

Commentaires des internautes :
* *Quitte ou double : soit il te pète la gueule, soit il est fier que sa fille sorte avec un mec responsable.*
* *La prochaine fois, si tu veux lui faire vraiment peur, achète-lui un test de grossesse…*

Aujourd'hui, première fois que j'assiste à une réunion avec les boss. Le midi, on va au resto. J'avale de travers un morceau de viande, le bougre reste coincé, je peux plus respirer, j'arrive pas à tousser. Je vais le chercher avec les doigts et le repose tout mâché dans l'assiette. VDM

Aujourd'hui, mon patron m'a appelé dans son bureau. Il m'a demandé d'arrêter de draguer sa femme, je ne l'intéresse pas. VDM

Aujourd'hui, notre voisine a ramené des quadruplés de la maternité. Mon fils de 5 ans a demandé combien ils allaient en noyer. J'ai enfanté un monstre. VDM

Aujourd'hui, j'arrive en retard en cours. J'entre dans l'amphi, tout le monde est penché sur sa feuille, je veux faire au plus vite pour m'asseoir... Mais le fait de louper la première marche et de tomber sur le ventre me ralentit un peu. Je pense à m'exiler. VDM

Aujourd'hui, en remontant l'amphi, ma jupe portefeuille m'a lâchée ; le temps que je réalise, elle avait glissé jusqu'à mes genoux. J'étais en mode yéti (pas épilée) et je portais la plus vieille culotte de ma collection (celle qui n'a plus d'élastique). Et tout cela devant 120 élèves. VDM

Aujourd'hui, enfin hier soir, en boîte, je croise une fille que je connais, qui avait dû accoucher. Je lui demande comment ils l'ont appelé, elle me parle, et dans le bruit, j'entends Mornay. Je lui demande si c'est d'origine écossaise, elle me répond : « Non, il est mort-né. » VDM

Aujourd'hui, au téléphone, en attendant l'ascenseur, je raconte à ma cousine que mon voisin a une vraie tête de psychopathe pervers. J'en rigole tellement en lui donnant tous les détails de sa bizarritude que je ne m'aperçois pas qu'il attend l'ascenseur derrière moi. VDM

Aujourd'hui, j'ai acheté une soupe aux tomates au distributeur automatique devant ma boîte. Dégueulasse, vraiment immonde. Alors je l'ai jetée avec rage. Contre le vent... VDM

Aujourd'hui, je suis invité chez une fille que je ne connais pas, par une amie en commun. Après une bouteille de vodka et un mauvais pétard, je suis persuadé que je vais enfin connaître les joies du triolisme… Je me réveille seul sur un matelas humide. Je viens de me pisser dessus. VDM

Aujourd'hui, je croise mon meilleur ami en ville, il me dit qu'il vient de s'envoyer en l'air tout l'après-midi avec une fille trop stupide. En rentrant chez moi je l'appelle pour lui donner rendez-vous le soir... Son portable sonne dans la chambre de ma sœur. VDM

Aujourd'hui, je me suis rendu compte que ma fille tenait un blog. Je le parcours un peu pour voir ce qu'elle dit dedans… Maintenant, je sais que ma fille se fout à poil sur Internet, je sais pas comment le dire à ma femme, et encore moins à ma fille. VDM

Commentaires des internautes :
- *Au point où tu en es, tu ne peux plus rien faire, sinon nous donner l'adresse afin qu'on te dise si ta fille est bonne.*
- *Règle numéro 1 : ne JAMAIS lire le blog de ses enfants (les enfants ne veulent pas que les parents sachent certaines choses, et les parents veulent encore moins savoir certaines choses…).*
Règle numéro 2 : suivre scrupuleusement la règle numéro 1 !
- *Il faut lui dire :*
  « Laure, ma fille, cesse de perdre ton temps sur Internet, reprends ton entraînement à la piscine, déjà que tu as loupé la sélection du 200 mètres nage libre, ce n'est pas le moment de t'exhiber à poil, les JO sont à peine dans 3 mois. »

Aujourd'hui, j'étais au tél' avec ma copine, et c'était pas la joie. Mais tant bien que mal j'arrive à rétablir la situation. Au moment de raccrocher, je lui dis : « Bisous, Sabrina… » Elle s'appelle Vanessa. VDM

Aujourd'hui, pendant le boulot, j'ai regardé des sites de perles de copies de bac avec deux collègues. Certaines étaient tellement drôles, et moi, si bon public, que j'ai tellement ri que j'ai fini par vomir devant elles. La classe. VDM

Aujourd'hui, ma copine me répète que je suis jaloux pour rien. Je viens d'apprendre qu'elle bosse sur un site X à se tripoter devant la webcam en direct… VDM

Aujourd'hui, ou plutôt hier soir, à la fermeture d'un bar, je vois un groupe à côté, dont une jolie petite brune. Un peu éméché, je tente : « C'est marrant, ton accent, tu viens de quel pays ? — Tu trouves que j'ai un accent ? — Oui… — C'est parce que je suis sourde, je lis sur les lèvres. » VDM

Aujourd'hui, un petit garçon dans la rue m'a montré du doigt en disant à sa mère : « Regarde, maman, c'est Sarkozy ! » VDM

Aujourd'hui, j'étais avec un pote dans le bus. Deux filles derrière nous parlent d'un mec et se foutent de sa gueule (gros nez, trop moche, boutons partout). Moi je commence à me marrer en imaginant le pauvre mec super laid. En sortant du bus, mon pote m'explique qu'elles parlaient de moi. VDM

Aujourd'hui, impossible d'ouvrir ma voiture. Je me suis énervé sur la serrure, et la clé s'est cassée dedans... C'était pas ma voiture. VDM

Aujourd'hui, je me lève, la tête dans le cul, je me prépare comme d'habitude. Sauf que je me suis aperçu que le réveil n'avait jamais sonné, et qu'il n'était que 3 heures du mat'. VDM

Aujourd'hui, enfin il y a quelques mois, j'attendais des amis à la sortie d'une boîte, quand une charmante demoiselle est venue me complimenter sur mon physique et sur ma tenue. Lorsqu'elle a compris qu'en fait je n'étais pas le videur de la boîte, elle a eu l'air déçue et elle est partie. VDM

Aujourd'hui, le pseudo MSN de ma mère qui vient de fêter ses 48 ans est : « Les médocs c'est pas trop mon trip !!!!!! looool »… VDM

Aujourd'hui, ma copine n'a pas eu le temps de se raser pour notre rendez-vous coquin. Je passe outre et me force à lui faire un cunni : quand même, histoire de pas tout faire foirer. Et là, je l'entends rigoler en hurlant : « Avec les poils comme ça, t'as la moustache de Brassens ! » Ça a foiré. VDM

Aujourd'hui, je ne retrouvais plus mon portefeuille, je vais donc passer 3 heures dans un commissariat étouffant pour déposer plainte. Au moment où l'agent me demande si je n'ai pas un stylo pour signer la plainte, je porte ma main à la poche intérieure de ma veste et en tire mon portefeuille. VDM

Aujourd'hui, ou plutôt ce matin, installée confortablement dans le bus pour aller travailler, je m'endors en face d'un très beau jeune homme… Quelque chose de froid sur ma poitrine me réveille soudainement… Un long filet de bave coulait de ma lèvre. Le mec se marrait. VDM

Aujourd'hui, à un déjeuner, j'ai dit : « Ça doit être affreux de se rendre compte qu'on est cocu ! » Un des hommes à ma table l'était… Pour me rattraper, je lance donc : « Mais le pire, ce doit être que sa femme parte pour une autre femme. » C'était aussi le cas. VDM

Aujourd'hui, j'ai fait l'amour à ma copine, je la pénètre pendant quelque temps, puis je stoppe pour reprendre mon souffle… Elle a continué de crier alors que je ne bougeais plus. VDM

Aujourd'hui, la maîtresse de mon fils de 7 ans m'a convoquée. Elle me dit en riant que mon fils est un petit plaisantin. Je m'interroge, elle montre alors son carnet de liaison et me dit qu'elle ne pense pas qu'il s'agisse de la signature de mon mari. À l'endroit de la signature, il était écrit « papa »… VDM

Aujourd'hui et après la piscine, à cause de la chaleur, je fais ce que je ne fais jamais d'habitude, c'est-à-dire prendre une vraie douche, avec gel douche, shampooing et sans maillot. Je ne suis pas très pudique, mais Ça aurait quand même été mieux dans le vestiaire des femmes. VDM

Aujourd'hui, je suis monté voir la voisine pour lui demander d'éviter de marcher avec ses talons sur le parquet, car la résonance trouble le sommeil de mon gamin. Elle m'a répondu qu'elle allait faire ce qu'elle pouvait. C'est lorsqu'elle a refermé la porte que j'ai vu sa jambe de bois. VDM

Aujourd'hui, j'ai présenté mon amoureux à mes parents, et au moment de regarder les photos de la famille sur l'ordi, on arrive sur un gros plan de ma mère seins nus. VDM

Aujourd'hui, ou plutôt hier, je me suis fait recaler par une fille avec qui je voulais sortir. Son excuse était : « J'ai pas envie que tu passes à côté d'autres filles par ma faute. » VDM

Aujourd'hui, je me rends avec une amie dans un magasin. Après divers essayages, je décide de ne garder que deux jeans sur cinq. À ce moment-là, la vendeuse, fort sympathique, me tend la main, que je serre... Elle voulait juste récupérer les autres pantalons. VDM

Aujourd'hui, le mec sur lequel j'avais flashé m'a enfin embrassée. Résultat ? Son baiser est digne d'un poulpe. Le mythe tombe. VDM

Aujourd'hui, premier rendez-vous galant avec Lucie, Paris, place de l'Opéra. Nerveux comme pas deux, je parle en faisant de grands gestes. Et dans la foulée, je décoche un uppercut en plein plexus solaire à une mémé de 75 ans. Elle a mis 25 minutes à s'en remettre. Je pense qu'avec Lucie c'est mort. VDM

Aujourd'hui, j'ai joué la finale d'un tournoi de tennis de table, tous les joueurs éliminés suivent le match. Après avoir brillamment gagné, je vais pour serrer la main de mon adversaire, il ne bouge pas… Ce n'était que le premier set. VDM

Aujourd'hui, j'ai pris le bus. J'étais tranquille jusqu'à ce qu'une femme âgée me dise de m'asseoir. Sur le coup, je comprends pas. Puis je remarque qu'elle regarde mon ventre avec insistance. Elle pensait que j'étais enceinte. Je suis juste un peu ronde. VDM

Aujourd'hui, mon copain était allongé sur moi et me regardait d'un air passionné. Je croyais qu'il allait enfin me dire qu'il m'aimait, mais quand il a ouvert la bouche c'était pour dire : « T'as une crotte de nez. » VDM

Aujourd'hui, tout nerveux en prenant un bain avec ma copine, ne m'étant jamais dénudé devant une fille, je lui sors : « Oh, c'est rigolo de péter dans son bain. » Clémente, elle sourit. Elle me tend la serviette quand je sors. Debout, j'émets un pet tout mouillé et sonore. Gravé dans sa mémoire. VDM

Aujourd'hui, en voulant éviter de croiser le regard de deux mecs qui me dévisageaient, j'ai fait genre « je regarde mon portable » tout en marchant. Je me suis pris un arbre en arrivant à leur niveau. VDM

Aujourd'hui, j'ai regardé un film porno sur mon PC. Le lendemain, je me suis rendu compte que j'avais oublié de retirer l'option « Afficher ce que j'écoute » sur MSN. VDM

Aujourd'hui, je me rends aux toilettes. Tout en me soulageant, je m'exclame, en voyant le flot tumultueux : « Ha ha ha, je suis les chutes du Niagara. » Dommage que j'aie pas entendu mon boss entrer. VDM

Aujourd'hui, je jouais aux cartes avec un pote. Celui-ci me demande où il doit piocher, je lui réponds « c'est le gros tas » en pointant les cartes du doigt… En arrière-plan, derrière le tas, y avait sa sœur. VDM

Aujourd'hui, devant un hôpital de gériatrie, j'ai remarqué une vieille dame qui n'arrivait pas à allumer sa cigarette à cause de sa maladie de Parkinson. Je vais donc l'aider, lui allume sa clope, puis elle entame la discussion, m'informant de l'existence de son cancer du poumon. VDM

Aujourd'hui, une bonne copine à moi me dit qu'elle fait un régime et qu'elle a déjà perdu 3 kilos. Je voulais la féliciter, mais en bafouillant, les seules paroles sorties de ma bouche furent : « Ah, t'as enfin réussi ! » VDM

Aujourd'hui, à la fac, je vais aux toilettes entre deux cours. Il fait très noir. Pris dans une pulsion, je fais l'agent secret en longeant les murs et en me servant de mes mains comme un revolver… Revolver que je pointe sur un gars de ma classe qui explose de rire et le raconte à tout le monde. VDM

Aujourd'hui, j'ai dû passer chez IKEA. J'ai eu la bonne idée, ce matin, d'enfiler une chemise jaune. On m'a interpellé une bonne quarantaine de fois pour des Markus, Gulliver et autres. VDM

Aujourd'hui, enfin hier, une collègue me dit que je ressemble beaucoup à un acteur qu'elle adore, mais dont elle a oublié le nom. Flatté, je fais le beau toute la journée. À la pause-café, le nom lui revient : le mec qui joue Mister Bean. VDM

Aujourd'hui, une jolie cliente vient payer son achat et émet soudain une série de bruits ressemblant à des éternuements retenus. Trouvant cela mignon, je lui dis gentiment : « À vos souhaits, mademoiselle. » Ça recommence, et entre deux bruits, elle lance : « Désolée, j'ai un TOC. » VDM

Aujourd'hui, le prof d'anglais rend la copie du dernier DS. J'ai éclaté de joie en apercevant le 17 en haut de la feuille, avant de me rendre compte que c'était noté sur 40. VDM

Aujourd'hui, comme hier, je travaille en Irlande. Je passe quelques jours en France et rencontre une charmante jeune fille dans l'avion du retour. Nous échangeons nos numéros. Mon dernier SMS lui propose de « discover the fist » au lieu de « discover the first ». VDM

Aujourd'hui, enfin il y a quelque temps, j'ai envoyé ma photo à un casting pour un catalogue de coiffure-maquillage. J'ai reçu une réponse négative, avec la proposition d'un second casting pour du relooking. VDM

Aujourd'hui, quelqu'un est venu vers moi dans la rue et m'a gueulé dessus : « Sale tubercule de Malbranque qui ne passe jamais les Kardfinals ! » Un de ses potes a répondu : « Kamoulox ! » J'ai eu peur. VDM

Aujourd'hui, enfin hier, je vois mon neveu jouer avec un masque de sorcière vraiment très laid. Je le lui prends et le mets pour lui faire peur. Les seules fois où il sursautait, c'était quand je retirais le masque. VDM

Aujourd'hui, je me suis souvenu d'une conversation avec une très bonne amie. «Il est pas mignon ce joueur de foot? — Je peux pas te dire, je suis pas homo. — Ah, ben fallait me le dire, je t'aurais présenté des amies…» VDM

Aujourd'hui, j'ai rencontré le père d'un pote qui tenait un gros bouquet de fleurs. Je lui dis en rigolant que la Saint-Valentin est déjà passée. C'était une gerbe pour un enterrement. VDM

Aujourd'hui, ou plutôt y a 2 jours, j'ai écrasé accidentellement un chat dans ma rue… Tous les voisins le cherchent. Il s'appelait «boulette», et tout le monde l'aimait bien, même moi. VDM

Aujourd'hui, j'ai ramené un copain à la maison et j'ai voulu le présenter à mon père. Ne le trouvant pas, j'ai alors cherché dans toute la maison. « Papa ??? Papa ??? » Et là, venant des toilettes, la grosse voix de mon père a rugi, tout en poésie : « JE CHIE ! » VDM

Aujourd'hui, je vais demander à la fille de l'accueil de l'hôtel où je me trouve en Angleterre où se trouve la station de métro la plus proche. Je fais mon beau gosse en anglais… Elle me donne une feuille avec la liste des opticiens du quartier. VDM

Aujourd'hui, mon petit copain m'a appelée « maman ». Au secours !… VDM

Aujourd'hui, j'ai vu mon voisin de 52 ans se masturber allégrement par la fenêtre de ma chambre. Il a vu que je l'ai vu… Il vient manger avec toute sa petite famille le week-end prochain. VDM

Aujourd'hui, ou plutôt il y a quelques mois, mon moniteur d'auto-école m'appelle pour fixer un rendez-vous de leçon de conduite. À la fin de la discussion téléphonique, je lance un « bisou » avant de raccrocher. VDM

Aujourd'hui, mon copain m'a dit que j'ai encore parlé pendant la nuit, sauf que cette fois-ci, il m'a entendue aboyer. VDM

Aujourd'hui, ma copine rentre avec des nouveaux préservatifs : Manix Endurance avec gel anesthésiant à effet retardateur… VDM

Aujourd'hui, mon homme m'annonce qu'il est prêt à être père. Je tentais de lui expliquer toute la joie que je ressentais, quand il me coupa, puis enchaîna sur un sourire, et lança un bon gros « poisson d'avril ! ». Je pense attendre encore une semaine avant de lui dire que je suis enceinte. VDM

Aujourd'hui, en physique, j'ai dit « cunnilingus » au lieu du « cumulo-nimbus ». VDM

Aujourd'hui, j'ai eu une évaluation de 100 mètres haies. À l'arrivée, la prof me dit : « C'est mauvais ! Comment tu feras si les flics te courent après ? » Je suis Tunisien. VDM

Aujourd'hui, j'ai rencontré un garçon. Je lui ai dit : « Si tu es gay ou si tu as une copine, arrête-moi tout de suite. » Il m'a répondu qu'il était hétéro et célibataire, avec un grand sourire. Ce à quoi il a ajouté, alors que je me réjouissais : « Mais pas intéressé. » VDM

Aujourd'hui, au marché, un petit garçon passe à ma caisse, me pointe du doigt et dit à son père : « Elle est belle, la dame ! » Et son père de répondre en roulant des yeux : « Il en dit, des conneries, dans une journée, ce gosse... » VDM

Aujourd'hui, je viens de me rappeler que les photos érotiques que j'ai prises avec mon ex, il y a plusieurs mois, n'ont jamais été effacées de l'appareil de son père. VDM

Aujourd'hui, j'essayais de joindre mon chef sur son téléphone. Au bout de cinq sonneries je dis : «Mais il va répondre, cet enculé ?!» À ce moment-là, j'entends : «L'enculé vous écoute...» VDM

Aujourd'hui, je vais chez le médecin à cause de douleurs au ventre. Il me dit qu'il veut me faire un prélèvement pour voir si je suis enceinte ; je me déshabille donc (tout le bas) et m'allonge sur la table. C'est là qu'il se retourne, me voit, et explose de rire. Il voulait juste me faire une prise de sang dans le bras. VDM

Aujourd'hui, j'ai présenté un projet en conférence téléphonique à vingt personnes. Un quart d'heure après un discours passionné et enflammé, je propose un «tour de table» pour les réactions. La ligne était coupée depuis 10 minutes, et personne n'a réussi à me prévenir, car ça sonnait occupé à mon bureau. VDM

Aujourd'hui, la piètre cuisinière que je suis a réussi à faire un gâteau pour un repas de famille. Mon petit frère, cuisinier, goûte, semble surpris, mange toute sa part et se ressert en disant : «Putain, elle est vachement bonne ta tourte au roquefort !» C'était un gâteau au yaourt. VDM

Aujourd'hui, j'étais sous la douche, quand soudain quelqu'un sonne à la porte. J'attrape une serviette, me couvre bien les seins et ouvre. C'était mon voisin, il me dit : « Euh, ta serviette s'arrête à ta taille… » VDM

Aujourd'hui, j'étais aux toilettes, quand je reçois enfin l'appel d'une fille que je désire. Je stoppe donc le largage et prends l'appel. Mon père, en passant, ne trouve rien de mieux à dire que : « Quand t'es aux chiottes, on le sent de loin ! » VDM

Aujourd'hui, j'ai pris le Thalys Pays-Bas - France, mon voisin qui parlait néerlandais puait l'alcool ; une amie m'appelle, je lui dis que j'en peux plus de l'odeur. Une heure plus tard, l'homme me demande dans un français parfait si je peux lui passer son sac. VDM

Aujourd'hui, j'accompagne une femme au tribunal pour éviter son expulsion locative, je suis son assistante sociale. Au moment de me présenter à la juge, elle me hurle dessus : « Vous n'êtes pas à l'école ? !!!! » Elle m'a prise pour la fille de la dame, la salle d'audience était pleine à craquer. VDM

Aujourd'hui, dans la rue, un jeune homme séduisant à tomber s'avance vers moi. Il me demande : «Excuse-moi, aurais-tu des feuilles, par hasard ?» Fière, et avec mon plus beau sourire, je réponds : «Oui, bien sûr! Petits ou grands carreaux ?» Le jeune homme me fixe, ahuri, puis s'en va sans un mot. VDM

Aujourd'hui, j'étais chez moi au téléphone avec une dizaine d'interlocuteurs d'une entreprise internationale. Soudain, ma mère décroche un autre combiné et me dit : «Mon doudou, t'as bientôt fini? J'ai besoin du téléphone. » La conférence était en français. VDM

Aujourd'hui, je voulais faire peur à ma petite femme en me cachant derrière une porte, puis surgir tel un zombie. Elle m'a dit : « Arrête, il y a ton ventre qui dépasse. » VDM

Aujourd'hui, pendant mon cours de conduite, j'ai fait un pet silencieux. Content de l'avoir fait discrètement, ma joie retombe lorsque je sens une odeur nauséabonde envahir la voiture. Ma monitrice a fait mine de rien et a ouvert la fenêtre. VDM

Aujourd'hui, premier jour de boulot dans une agence de Barcelone. Je tente d'expliquer à mon patron que j'habite en coloc' avec un « couple » de Vénézuéliens. Au lieu de *pareja* je dis *pajera*. Tous les yeux se lèvent sur moi. J'ai vérifié, *pajera*, ça veut dire « masturbation ». VDM

Aujourd'hui, je sors de mon boulot dans le 15e et veux rentrer chez moi en Velib' dans le 5e, pour me prouver que je connais bien Paris. Une heure après, je suis revenue sur mes pas malgré les indications de mon copain. Je suis rentrée en métro. VDM

Aujourd'hui, je vais chercher ma copine par surprise. Je la vois arriver au bras d'un mec. Je me précipite, l'attrape et lui dis : « Salut, tu me présentes pas ton super pote ? » Elle, froidement : « Si, je te présente mon pote, Laurent. » C'est là que je l'ai vue… la canne blanche de Laurent. VDM

Aujourd'hui, le modèle nu que l'on doit dessiner (je suis dans une école d'arts) pose allongé sur un socle. Tout se passe bien jusqu'à ce qu'elle éternue et laisse échapper un pet, alors que ses fesses étaient tournées vers les élèves. Fou rire général pendant l'heure de cours restante. Pour elle, VDM

Aujourd'hui, mon copain était dans la salle de bains. Je vais pour lui faire une gâterie, et là, il me dit : « Euh, non, je préfère me laver les dents ». VDM

Aujourd'hui, je suis allé au ciné avec une fille. Elle a passé toute la séance la tête sur mon épaule, sa main dans la mienne. J'ai tenté ma chance à la fin de la séance, et elle m'a dit : « Je savais que t'allais me demander quelque chose comme ça, mais je préfère que l'on reste amis. » VDM

Aujourd'hui, un collègue est venu au boulot avec une cravate HORRIBLE. Je lui demande comment il ose porter ça, et il répond : « C'est tout ce qu'il me reste de mon père. » Après quelques secondes, durant lesquelles je me sentais super mal, il éclate de rire et me dit que c'est un cadeau de sa fille. VDM

Aujourd'hui, je suis dans un bar assez branché et je vais aux toilettes. Installée sur le trône, j'en profite pour me mettre les doigts dans le nez. J'avais oublié de tirer le verrou et les toilettes donnaient directement sur la salle bondée. Quelqu'un a ouvert la porte. VDM

Aujourd'hui, je suis arrivée au ciné alors que la salle était déjà noire. Je demande à un jeune homme assis entre deux places vides : « Il y a quelqu'un ici ? », en montrant la place de gauche. Interloqué, il répond, en me montrant la place de droite : « Ici, non. » À sa gauche, il y avait sa copine noire. VDM

Aujourd'hui, j'ai rendez-vous avec mon kiné, qui est trop beau et sur lequel j'ai littéralement craqué ! On fait des exercices, et il me demande de pousser (sur mes jambes), et là je pousse... et lâche une caisse ! Je suis grillée à vie, je refuse d'y retourner. VDM

Aujourd'hui, c'était mon anniversaire. J'ai eu 21 ans, puceau. Hier soir, mes deux meilleurs amis sont venus avec une fille que je ne connaissais pas. Très gentille, très ouverte, et paf, ma première fois. Je déboule le lendemain matin et je crie « je suis un homme ! », ce à quoi ils me répondent « tu nous dois 150 euros » avec un sourire narquois. VDM

Commentaires des internautes :
• VDM parce qu'ils te font payer ton cadeau d'anniversaire, les gredins.
• liil est des nôôôtres, il a tiré son coup comme les auuuutres... :-)

Aujourd'hui, je me suis rendu compte que ce matin j'avais laissé ouvert le tiroir de ma table de chevet. Dedans : le vibro que mes amies m'ont offert pour mes 18 ans et que j'ai utilisé hier soir. Quand je suis rentrée de cours, le tiroir était fermé. Ma mère n'osait pas me regarder au dîner. VDM

Aujourd'hui, en cherchant un fichier sur le disque dur de mon copain, je tombe sur les photos d'une fille un peu dénudée qui porte mes vêtements et sous-vêtements, dont la tête n'est pas cadrée et qu'on voit mal. Quand je lui demande des explications, je comprends qu'il ne s'agit pas d'une autre fille, mais de lui. VDM

Aujourd'hui, ma prof de philo me demande ce que font mes parents. Après lui avoir répondu qu'ils sont femme de ménage et chauffeur de bus, elle me rétorque : « Mais... Pourtant, vous êtes intelligent... » VDM

Aujourd'hui, en allant faire des photos d'identité pour des dossiers de candidature, je me retrouve à dire au photographe, à qui je n'avais pas précisé l'objet des photos : « En gros, la photo doit dire : "Prends-moi." » J'ai réalisé trop tard. VDM

Aujourd'hui, je suis allé sur Viedemerde.fr avec mon petit cousin, sur l'ordinateur du salon, pendant un repas de famille. Après seulement 30 secondes, il me demande : « C'est quoi "en levrette" ? » Toute la famille s'est retournée vers moi... VDM

Aujourd'hui, j'éternue en cours. Hélas, tout ce qui était dans mon nez sort et tombe dans ma main. Évidemment, toute ma classe a compris mon souci et me regarde. Le prof ajoute : « Un accident est si vite arrivé. » Fou rire général. VDM

Aujourd'hui, je change la caisse d'une blonde trop belle du McDo. Manque de pot, le tiroir bien à la hauteur de mes bijoux de famille s'ouvre violemment et je me retrouve plié en deux. Le pire, c'est qu'elle ajoute : « Ça va moins bien marcher maintenant. » Et ce devant une trentaine de clients morts de rire. VDM

Aujourd'hui, en amphi, je dois présenter un PowerPoint que j'avais trouvé bien chiant à faire. Le projecteur est en marche, toute la classe me voit fouiller sur ma clé USB, et je réalise que je n'avais pas changé le nom du document… qui s'appelait « Soutenance de merde ». VDM

Aujourd'hui, je suis allée chez Décathlon pour acheter une paire de baskets. Le vendeur, très mignon, me demande de m'asseoir pour essayer les chaussures. Ma langue a fourché : j'ai dit « je n'ai pas de culotte » au lieu de dire « je n'ai pas de chaussettes ». VDM

Aujourd'hui, à la fac, je cours sur 100 mètres pour attraper le tram que je voyais arriver au loin. J'entends derrière moi des exclamations dont je ne me formalise pas, je suis en retard. Je découvre bien plus tard que ma jupe s'était relevée dans le dos et coincée derrière mon sac. J'étais en string. VDM

Aujourd'hui, je rencontre un ancien professeur, parti depuis à la retraite. Moi je termine ma dernière année d'études. À la fin de notre conversation, il me souhaite « bonne fin d'études ». Sans réfléchir je lui lance un rapide : « Bonne fin de retraite. » VDM

Aujourd'hui, j'allais chez Décathlon pour me procurer un accessoire de pêche. Je le trouve pas et demande à une vendeuse : « Bonjour, mademoiselle, je voudrais une turlutte s'il vous plaît (c'est le nom de l'accessoire recherché). » Éclat de rire général de la vendeuse et de l'entourage immédiat. VDM

Aujourd'hui, j'apprends que je suis muté à 500 kilomètres. Je ne sais pas comment annoncer la nouvelle à mes parents, qui viennent de déménager pour se rapprocher de moi. Je me lance : « Papa, maman, j'ai une nouvelle délicate à vous annoncer. » Ma mère me coupe : « J'étais sûre que tu étais gay. » VDM

Commentaires des internautes :
• Eh ben, après ça, 500 kilomètres, ça ne paraît pas beaucoup !!
• Alalaaa, les parents, ils ont le démon !!!

Aujourd'hui, je suis conseillère municipale, et j'ai très gentiment invité, au micro, une salle pleine à craquer de politiciens locaux et de concitoyens à venir me rejoindre pour un pot final dans la « salle des fesses » de l'autre côté de la rue. VDM

Aujourd'hui, je servais à un mariage. Avec un plateau de coupes de champagne, je m'arrête à la table d'honneur où la mariée hésite à en prendre une. Je lui dis : « Madame, on ne se marie qu'une fois… » Fou rire général à table et regard noir des mariés. Sa sœur m'annonce : « C'est son troisième mariage. » VDM

Aujourd'hui, je faisais passer des oraux d'examen à l'UFR. Une de mes étudiantes, une fille sublime, prépare son oral devant moi dans une salle surchauffée. Elle porte un petit haut blanc très décolleté qui souligne à merveille sa magnifique poitrine. J'ai eu une érection. Elle l'a vue. VDM

Aujourd'hui, j'étais en Inde. À l'aéroport, les hommes et les femmes sont fouillés séparément. Le mec qui nous a accueillis m'a envoyé chez les femmes. J'ai dû lui expliquer que je suis un mec. Ça m'a pris 15 minutes. VDM

Aujourd'hui, je présente un PowerPoint devant le comité de direction. Mon Outlook est en veille, et en pleine présentation, une petite fenêtre d'alerte e-mail apparaît sur l'écran avec pour objet « Notre réponse à votre candidature de directeur marketing ». VDM

Commentaires des internautes :
- *J'espère que la réponse a été positive, au moins ! lool*
- *J'pense qu'on peut comparer ça au fait que ta femme se mette à draguer en ta présence… Elle est techniquement avec toi, mais n'attend qu'à tomber sur mieux pour se barrer en vitesse.*

Aujourd'hui, je fais une surprise à mon chéri en rentrant chez moi plus tôt que prévu. Je me rends compte qu'il a préparé un dîner lui-même, accompagné de champagne et de roses. Tout émoustillée, je pars le retrouver dans la cuisine, c'est alors qu'il me fait : « Tu ne devais pas ne rentrer que demain ? » VDM

Aujourd'hui, mon copain a profité de mon sommeil profond pour me faire des tatouages Malabar sur tout le corps. Il est 8 h 16, j'arrive pas à les effacer et j'ai rendez-vous à 9 heures pour une série d'examens de santé à l'hôpital. Une bonne partie du personnel va profiter de mes tatouages de pirates. VDM

Aujourd'hui, ayant mal à la gorge, je me décide à aller acheter des pastilles à la pharmacie. Mon pharmacien me fixe et me demande alors simplement : « Vous préférez sucer ou croquer ? » Je dois bien être restée 5 minutes bouche bée, et j'ai eu un fou rire insoutenable en sortant de la pharmacie. VDM

Aujourd'hui, je participe à un de mes nombreux cours de langue des signes entre midi et deux, au lycée. C'est une sourde et muette, Joëlle, qui nous fait cours. Elle me demande quel genre de musique j'aime écouter. Je lui dis : « J'aime le rock et la variété, et toi, t'écoutes quoi ? » VDM

GRANDS MOMENTS DE SOLITUDE

Aujourd'hui, mon épouse a invité son patron et sa femme à dîner. Durant le repas, après avoir pris une gorgée de vin, je m'indigne et m'excuse pour sa piètre qualité : « Ne buvez pas ça, je vais chercher une autre bouteille. » Pas de bol : le vin en question avait été apporté par nos invités. VDM

Aujourd'hui, je suis allé faire les courses avec ma mère et je me suis séparé d'elle un petit instant pour aller dans le rayon parfums… quand j'entends au micro : « Le petit J est attendu à l'accueil par sa maman, le petit J, merci. » J'ai 20 ans. VDM

Commentaires des internautes :
• …t'as encore le siège auto ? Ça va, tu manges seul ? Si j'étais toi, je fuguerais…

Aujourd'hui, dans l'ascenseur, je laisse échapper un pet. Pas un bruit, mais une odeur immonde ! Les portes s'ouvrent, une jeune femme entre. Je vois que l'odeur l'importune, je suis rouge de honte… Elle : « Vous avez un rendez-vous ? » Moi : « Oui avec Mme X. » Elle : « C'est moi… » VDM

Aujourd'hui, j'étais dans un vol transatlantique avec des boules Quies dans les oreilles. Le steward passe avec un sac plastique. J'y jette mes crasses et je ne comprends pas pourquoi il me dit : « Very funny, sir… » C'était pas une poubelle, il récoltait de l'argent pour l'Unicef. VDM

53

Aujourd'hui, j'étais en boîte avec des amies. Là-bas se trouvait l'homme de mes rêves. Je savais que je lui plaisais et j'ai donc décidé de foncer. Je me dirige vers lui et lui dis : « Tu dirais quoi si je te disais que tu me plais beaucoup ? » Il me répond : « Je te dirais que j'ai besoin d'aller pisser, là ! » VDM

Aujourd'hui, ma superbe collègue de travail qui a une jambe dans le plâtre me dit tout naturellement : « Au fait, tu pourrais pas venir me tondre la pelouse demain et me faire les bordures ? » Je suis resté 5 minutes à la fixer, mais je crois que j'ai l'esprit mal tourné. Elle non. VDM

Aujourd'hui, je suis malade. Mon boss m'appelle pour une urgence au boulot et me demande mon mot de passe d'ordi pour récupérer un mail important. Pas le choix, je lui donne. Mon mot de passe est « job2merde ». VDM

Aujourd'hui, j'ai souhaité un bon retour à la maison à un vieux patient de plus de 90 ans. Il m'a répondu que si j'avais besoin de quoi que ce soit je devais l'appeler. Je lui ai demandé ce qu'il entendait par là. Il se dit prêt à satisfaire tous mes désirs. VDM

Aujourd'hui, mon copain m'invite à manger. Je pensais à un truc sympa, j'ai eu droit à un tête-à-tête avec sa famille réunie au grand complet. À la fin, mon copain me raccompagne, hyper heureux, à la porte, et c'est là que son cousin lâche : « Elle a pas l'air si chiante qu'il le disait… » VDM

Aujourd'hui, je suis au restaurant avec mes parents, et il y a un serveur trop beau. Je le mate, et quand mon père le remarque, il se met à le regarder aussi. Le serveur arrive et demande s'il y a un problème. Réponse de mon père : « Non, je voulais savoir la tête que vous aviez, ma fille vous regarde depuis 10 minutes. » VDM

Aujourd'hui, je prenais tranquillement mon bain, quand je sens quelque chose tomber sur mon omoplate. Je regarde et devine des énormes pattes d'araignée noires. Je hurle à la mort et me frappe le dos : rien. Dans un état d'hystérie avancée, je me jette violemment contre le mur. C'était mes cheveux. VDM

Aujourd'hui, j'ai trouvé ma mère en train de pleurer. Je lui ai demandé quel était le problème, et elle m'a répondu : « C'est ton père, il veut divorcer… » Je lui ai demandé s'il avait rencontré une autre femme, et ma mère m'a dit : « Non, pas une femme… » VDM

Aujourd'hui, j'ai envoyé un SMS à un mec qui me plaît : « Cher Père Noël, je voudrais être amoureuse. » Ce à quoi il m'a répondu : « Attends Noël prochain… » VDM

Aujourd'hui, je me suis précipitée dans la queue au self. Je vois que le surveillant rigole et je comprends alors que c'est une serviette hygiénique que j'essaye de faire passer à la place de ma carte de cantine. VDM

Aujourd'hui, je mange chez ma belle-famille. Mon copain laisse échapper un rot à table. J'ai pas pu m'empêcher de dire devant ma belle-famille, médusée : « Sérieusement, t'as été élevé où ? Chez les porcs ? » VDM

Aujourd'hui, je fume depuis plus d'un an, et mes parents ne le savent pas. Hier, j'étais à une soirée plutôt alcoolisée. Ce matin, la tête dans le pâté je me lève, je m'assois pour le petit déjeuner avec mes parents, et j'allume une clope par réflexe… VDM

Aujourd'hui, j'ai passé la soirée avec mon épouse chez un groupe d'homos, des amis à elle. L'un d'eux me sert un verre de whisky qui me semblait un peu court. Sans faire attention je lui dis : « C'est quoi cette dose de tapette ? » **VDM**

Commentaires des internautes :
• *Il m'est arrivé la même chose que toi. Depuis, je parle de « dose de trappeur » ; d'ici que j'en croise un, je prends très peu de risques.*

Aujourd'hui, je revois mon copain pour la première fois depuis un mois. Pour l'occasion, je me fais le maillot en forme de cœur, pour être coquine. Après un petit strip-tease de rigueur, il me lance : « Oh, c'est le signe de Batman ! » VDM

Aujourd'hui, c'est l'anniv'de ma copine. J'ai invité ses amis chez elle pour lui faire la surprise. Vers 20 heures, la porte s'ouvre, et on entend une voix de mec : « J'ai trop envie de toi ! » Ma copine lui répond : « On va fêter ça tous les deux, ce connard a oublié mon anniversaire et est parti voir le foot avec ses potes ! » VDM

Aujourd'hui, mon père m'a fait la surprise de déplacer mon lit (le démonter et le remonter) dans ma nouvelle chambre, car je ne trouvais pas l'orientation adéquate. Il a également pris soin de remettre à sa place mon vibromasseur qui était caché entre le matelas et le sommier. VDM

Aujourd'hui, je suis au resto pour dire à un gars que je ne partage pas ses sentiments. Mon tél sonne, je le sors de mon sac, le porte à mon oreille, et paf, mon string de la veille, que j'avais mis dans mon sac, accroché à l'antenne de mon portable, vient se claquer sur mon visage. VDM

Aujourd'hui, j'avais un important entretien. Sur le chemin, je m'arrête devant le reflet de la vitre d'une voiture pour voir si je n'avais pas de feuilles de salade coincées entre les dents. Après moult grimaces, je m'aperçois qu'il y a deux filles mortes de rire à l'intérieur de la voiture. VDM

Aujourd'hui, en début d'examen, ma voisine me fait remarquer que la colle qu'on lèche sur le papier pour cacher notre nom sur la copie a un mauvais goût. Sans arrière-pensées, je clame fort : « Moi, je lèche pas, je mets le doigt ! » Grand moment de solitude quand vingt personnes se sont retournées vers moi. VDM

Aujourd'hui, je pense être dans les embouteillages, bloqué depuis 10 minutes à un feu, je m'impatiente... quand je me rends compte que je suis derrière une file de voitures vides garées en double file. VDM

Aujourd'hui, je vais acheter un nouveau portable avec ma mère et ma sœur. Quand la vendeuse, vraiment charmante, me demande «vous avez un code PIN?», je comprends mal, me sens rougir et lui réponds «non, j'ai pas de copine» avec un sourire niais. Hilarité de la vendeuse, de la famille. Honte. VDM

Aujourd'hui, j'appelle mon ex pour lui demander si je peux venir chez elle récupérer mon pyjama. Elle me répond : « Je le garde au cas où... — ... Au cas où quoi ? — Au cas où j'aurais envie de me déguiser en connard. » VDM

Aujourd'hui

VDM

Aujourd'hui

VDM

Aujourd'hui

VDM

Aujourd'hui

VDM

TROP INJUSTE

Autour de nous, il y a des candides qui s'en prennent arbitrairement plein la figure, avec parfois même une deuxième couche. On voudrait bien les encourager, leur dire « c'est pas grave »... Sauf qu'on est pris de vitesse par le fou rire, et ça c'est pas bien.

Aujourd'hui, ma souris était tombée dans la cuvette des toilettes accidentellement. En essayant de la repêcher, mon téléphone est tombé sur la tête de la souris, les deux sont morts. VDM

Aujourd'hui, j'ai appelé une copine pour discuter, et elle m'a répondu : « Nan mais faut pas que tu t'inquiètes, je vais mieux, mais là je suis pressée, donc à plus tard. » L'idée que moi je pouvais avoir un truc à lui dire l'a même pas effleurée. J'ai une maladie grave. VDM

Aujourd'hui, en cherchant sur Youtube une interprétation du morceau que je joue au piano, je tombe sur la vidéo d'une Asiatique qui le joue 100 fois mieux que moi. J'ai suivi des cours pendant plus de 10 ans. Elle a 5 ans. VDM

Aujourd'hui, j'ai été réveillé par une fille brune plutôt jolie et à moitié déshabillée dans mon lit. Deux minutes plus tard, mon réveil a sonné, et je me suis réellement réveillé. VDM

Aujourd'hui, je me suis réveillé 2 heures en avance à cause du rap à donf de mes voisins. Puis je suis arrivé au boulot, l'ascenseur était en panne. Il n'y avait plus de café. À l'épicerie du coin, le paquet est à 4,95 €. En mangeant mon croissant, je me suis mordu la langue. Je saigne. VDM

Aujourd'hui, mes parents ont fait la morale à mon petit frère de 17 ans pour être sorti avec trois filles majeures en même temps. J'en ai 21 et je suis toujours puceau. VDM

Commentaires des internautes :
• *Demande à ton frère de te sponsoriser.*
• *Julio, c'est toi ?*

Aujourd'hui, j'ai avoué à mon meilleur ami que j'étais homosexuel. Il m'a cassé la gueule et a téléphoné à tout le monde pour le dire. VDM

Aujourd'hui, j'ai voulu me dépêcher pour répondre au téléphone, je me suis tapé le genou dans un meuble, j'ai lâché «merde» au téléphone sans le vouloir… Ma nana m'a raccroché au nez en me traitant de connard. VDM

Aujourd'hui, je marchais dans la rue. J'ai pas fait gaffe, et un camion de livraison m'a roulé sur le pied gauche. Fracture du pied, alors que l'on venait à peine de m'enlever le plâtre dû à une même fracture, 3 mois auparavant. VDM

Aujourd'hui, je me rends compte que j'ai oublié ma carte d'identité dans la photocopieuse à la poste. J'appelle, ils me disent qu'ils l'ont renvoyée à la préfecture. J'appelle la préfecture, ils me disent qu'ils l'ont détruite. Je suis censé passer le permis de conduire demain. VDM

Aujourd'hui, 2 h 23, ma copine vient de m'appeler, bourrée, d'une soirée où elle est la seule fille. Elle a l'air de bien s'amuser. VDM

Aujourd'hui, j'ai enfin réussi à inviter la fille qui me plaisait depuis un bout de temps, et elle a ajouté : «C'est cool, comme ça je pourrai te présenter mon nouveau copain. » Résultat, dîner aux chandelles avec le couple et une envie de m'ouvrir le ventre. VDM

Aujourd'hui, enfin hier soir, le mec dont je suis croque depuis des mois a tapé un bad trip sévère. C'est là que j'ai compris qu'il était vraiment raide dingue de ma meilleure amie, qui s'en fout totalement. J'ai passé la nuit à le réconforter, alors qu'il me répétait qu'elle était magnifique. VDM

Aujourd'hui, mon chef m'apprend le projet de licenciement de mon collègue de gauche en m'indiquant en détail mon nouveau statut pour ma promotion. Au café, 5 minutes avant, j'acceptais d'être son témoin de mariage. VDM

Aujourd'hui, j'ai été cambriolée. Mon appart' a été ravagé. Le flic venu relever les empreintes a essayé de choper mon numéro et de me filer rencard, le serrurier a fait pareil, et le flic chargé de l'enquête m'a laissé son MSN en me disant que les Asiatiques sont décidément des bonnasses. VDM

Aujourd'hui, ma mère vient me récupérer, j'ai passé l'après-midi sur mon skate. J'ouvre la portière, je rentre ma planche, ma jambe gauche et… ma gentille maman démarre en trombe. Ma jambe se traîne à 30 km/h sur la route. Ma mère freine à fond, je me prends la portière et je suis assommé. VDM

Aujourd'hui, mon mec me dit que c'est un jour important. Je lui réponds que je sais, mais il rétorque que c'est impossible. Après de nombreux «dis-le en premier», il me dit tout fier que Benzema est remplacé par Trezeguet en équipe de France de foot. C'est l'anniversaire de notre rencontre. VDM

Commentaires des internautes:
• Je compatis… avec ton mari. C'était un jour important pour moi aussi!
• Plaque-le. Et au fait: faut pas sortir avec des supporters.
• En une phrase… «Pas de sexe ce soir!! »

Aujourd'hui, j'étais en vacances en Bretagne, quand le syndic de mon immeuble parisien m'appelle, me disant qu'il y a une grosse fuite d'eau chez moi. Je rentre de vacances avec cinq jours d'avance et trouve ma porte défoncée… pour rien. La fuite venait pas de chez moi. VDM

Aujourd'hui, j'ai 30 ans. Il y a 10 ans je fêtais déjà mes 20 ans avec mon meilleur ami. J'étais déjà amoureuse de lui. Il était déjà homo. VDM

Aujourd'hui, j'ai, toutes les 2 minutes, des flatulences qui ont une odeur proche de l'irrespirable. Et dans une heure je serai au cinéma avec la fille que j'aimerais séduire. VDM

Aujourd'hui, je suis allé retirer de l'argent au distributeur, et la fille qui était devant moi a oublié son argent. VDM pour elle

Aujourd'hui, j'ai avoué à mon père que j'étais lesbienne. Le seul truc qu'il m'a dit, c'est : « Ça ne m'étonne pas, toutes les lesbiennes sont moches... » VDM

Aujourd'hui, j'ai dû payer une amende de 375 euros, vieille d'un an, au Trésor public. Ils n'avaient pas envoyé les rappels à la bonne adresse. En plus de ça, je n'avais que 315 euros sur mon compte. Et le pire, c'est que j'avais mon titre de transports sur moi quand je me suis pris l'amende. VDM

Aujourd'hui, ma mère a encore entonné son couplet sur « l'homosexualité, c'est contre nature, ça ne devrait pas exister, les homos sont anormaux ». Elle ignore que je suis lesbienne. VDM

Aujourd'hui, j'ai voulu faire plaisir à mon chat en lui achetant des croquettes de marque. Il s'est étouffé avec. VDM

Minou?

...Tu... Tu dors?..

Aujourd'hui, je cours pour avoir mon train, les portes se ferment devant moi. Je change de quai pour avoir le train suivant et me casse la gueule dans les escaliers. VDM

Aujourd'hui, mon neveu de 20 ans a une soirée déguisée prévue samedi. Le thème est « Un personnage qui commence par un C ». Il m'appelle et me sort : « Tata, pour ma soirée, j'ai eu l'idée de me déguiser en catin... Je peux t'emprunter tes fringues ? » VDM

Aujourd'hui, ou plutôt hier soir, j'ai pulvérisé de la bombe lacrymogène sur un type qui me suivait... Ce type était canon et voulait me rendre les clés que j'avais fait tomber. VDM

Aujourd'hui, juste avant d'aller en partiel, j'ai cassé mes lunettes sur le chemin menant à l'amphi. Je suis myope et j'ai passé une heure le nez sur la copie pour déchiffrer les questions. C'était un partiel d'ophtalmo... VDM

Aujourd'hui, j'ai renversé la salière sur mes beignets en pensant que c'était du sucre. Ils avaient l'air bon, ces beignets. VDM

Aujourd'hui, un de mes élèves m'appelle : « Madame ! » Je rectifie : « Non, Mademoiselle. » Et là, il me répond : « Ah, personne n'a voulu de vous ! » VDM

Aujourd'hui, je suis au RMI à bac + 12… La joie des chercheurs engagés dans la transdisciplinarité (sciences cognitives, lettres, philo) en France. Finalement, le RMI est la seule vraie boîte transdisciplinaire de ce pays ! Chouette. VDM

Aujourd'hui, j'ai rencontré pour la première fois quelqu'un qui a le même prénom que moi… J'ai 20 ans, et cette personne en a 97. VDM

Aujourd'hui, je me lance enfin et j'avoue à cette fille que je l'aime. Elle me sort un « je peux pas sortir avec toi, on est trop bons copains, désolé ». Je la connaissais à peine. VDM

Aujourd'hui, je vais dans mon bar favori et m'installe en terrasse. Il me reste une cigarette et 2 euros pour mon café. J'allume ma cigarette... qui tombe dans mon café. VDM

Aujourd'hui, un fêlé est entré dans le RER et a commencé à taper sur des gens. Un papy tire la poignée d'urgence. Le cinglé change de rame en hurlant. Station suivante, la police des transports monte et colle une prune au papy pour usage intempestif du frein d'urgence. Ils ont rien voulu savoir. VDM

Aujourd'hui, une fille dans ma classe se retourne et me dit : « Wouah, t'as ta photo sur ta gomme ! La classe ! » Ma gomme est une imitation d'un billet de 10 livres, et l'image, c'est la reine d'Angleterre. VDM

Aujourd'hui, je perds ma carte bancaire. J'appelle ma banque pour faire opposition. Je reçois au même moment un double appel de mon pote que je laisse de côté. Il a retrouvé ma carte. Trop tard. VDM

Aujourd'hui, alors que j'attendais pour traverser la rue, une fille arrive en face. Je la dévisage, elle me dit : « C'est fini, oui ? » Je réponds « si on n'a plus le droit d'admirer les belles femmes… », et elle me répond « quand les mecs sont beaux, ça ne dérange pas ». VDM

Aujourd'hui, conseil de classe. Je demande le numéro de téléphone à la déléguée pour avoir les résultats en live. Elle m'a répondu : « Tu peux t'y prendre autrement pour me draguer ! » Le problème, c'est qu'elle n'est pas si belle que ça et que toute la classe m'appelle désormais « le Chasseur de thon ». VDM

Aujourd'hui, en rentrant des cours, j'ai voulu faire une petite sieste. Il est presque 1 heure du matin, je viens de me lever, j'ai pris mon p'tit déj' et je pète la forme. Demain, ça va être plus dur. VDM

Aujourd'hui, après 9 ans de vie commune, 3 ans de mariage, deux enfants, madame m'annonce qu'elle a un amant. Mais comme ledit amant ne sait pas trop qui choisir entre ma femme et la sienne, la mienne ne sait pas trop que faire non plus. Voilà, moi j'ai plus qu'à fermer ma gueule. VDM

Commentaires des internautes :
• La pire chose que tu puisses faire contre son amant, c'est de la lui laisser !
• Va avec la femme de l'amant.

Aujourd'hui, j'ai fait une fellation à mon amoureux. Une fois l'acte achevé, je l'embrasse, un petit sourire timide aux lèvres. Il me dit, tout simplement : « Tu sens la capote. » VDM

Aujourd'hui, il est 11 h 33, je viens juste de me lever, je suis censé être en examen depuis 8 heures, j'ai passé toute ma journée d'hier à réviser, et mon réveil n'a pas sonné. VDM

Aujourd'hui, je suis allée à l'église avec mon fiancé pour le mariage de mon ex, il a prononcé mon prénom à la place de celui de sa future femme, alors qu'il n'y a plus rien entre nous. Sa femme lui a pardonné, mon copain m'a quittée... VDM

Aujourd'hui, j'ai oublié mes tampons «pour flux abondant» à la maison. Mon équipe de travail est composée d'un homme et de huit femmes. Toutes ménopausées. VDM

Aujourd'hui, j'ai ouvert ma fenêtre comme tous les matins, sauf que cette fois-ci elle s'est décrochée de ses gonds et est tombée sur mes pieds. Il a grêlé dans toute ma chambre le temps que j'aille chercher de quoi la remettre en place. VDM

Aujourd'hui, le jour de nos 2 ans, ma copine me dit : « J'étouffe, on sort pas assez, t'es pas assez romantique, je te quitte.» Il me reste plus qu'à me faire rembourser les deux séjours au Canada, parce que, pour la demande en mariage aux pieds des chutes du Niagara, c'est mort. VDM

Aujourd'hui, enfin hier soir, lors de nos préliminaires, j'ai mis mes jambes autour du cou de mon petit ami. Il les a violemment retirées en s'écriant : «Ah la vache, ça pique!» Je m'étais rasée la veille. VDM

Aujourd'hui, le mec que j'essaie de mettre dans mon lit depuis des semaines m'appelle enfin... Mon cœur fait des bonds, mais en fait, il voulait juste que je l'aide à choisir un cadeau pour une de nos collègues. Et j'ai compris que c'est avec elle qu'il couche. VDM

Aujourd'hui, j'ai voulu réveiller mon chéri par une... enfin, vous voyez. Ça l'a surpris, je me suis pris un coup de genou dans le ventre. VDM

Aujourd'hui, à la fac, je croise le regard moqueur de mon ex. C'est une fois de trop. Je me précipite sur lui pour lui donner un coup de pied et extérioriser une rupture difficile. Je glisse, j'ai un énorme bleu sur la cuisse et je suis ridicule. VDM

Aujourd'hui, enfin à minuit juste, avant de dormir, ma copine se tourne vers moi et me lâche enfin un « je t'aime », deux mois après que je le lui ai dit. Ému aux larmes, je lui dis « moi aussi », et elle me répond « non... en fait, j'ai dit : j'éteins ». VDM

Aujourd'hui, j'ai fait 5 kilomètres en vélo sous une averse pour imprimer mon CV. Mes freins ont lâché en pleine descente. Pour ne pas rentrer dans une voiture, j'ai choisi de m'écraser dans un mur (heureusement sans dommages). Arrivé à la boutique, je m'aperçois que ma clé USB, elle, n'a pas supporté. VDM

Aujourd'hui, je décide de nettoyer mon appart' à fond. Une fois que c'est fini, je regarde mon petit chiot, il se réveille, s'étire, sort de sa panière et se met à pisser. Je lui crie « non ! », il prend peur et court partout en continuant de pisser. VDM

Aujourd'hui, ou plutôt il y a quelques années, mon copain travaillait à l'étranger. Pour la Saint-Valentin, on sonne à la porte, et je vois un livreur avec un bouquet de fleurs. J'étais trop flattée. J'ouvre, le livreur me dit : « J'peux vous laisser le bouquet de votre voisine ? Elle est absente. » VDM

Aujourd'hui dans la nuit, je me suis fait dévorer par les moustiques, ces petites bêtes sont même allées jusque sous mon plâtre. J'arrive pas à me gratter à cet endroit. VDM

Aujourd'hui, j'ai 13 ans, une moustache,
et mes potes me surnomment « Mario ». VDM

Aujourd'hui, mon copain m'a gentiment larguée après m'avoir sautée une dernière fois. Quand j'annonce ça à ma mère, elle demande : « C'est parce que t'es grosse ? » VDM

Aujourd'hui, j'ai appris que ma mère, qui travaille chez Tupperware depuis quelques années, allait avoir sa « voiture de fonction » avec d'énormes boîtes Tupperware de toutes les couleurs sur les côtés de la bagnole. J'ai 15 ans, ma vie est fichue. VDM

Aujourd'hui, comme depuis environ un mois, mon demi-frère m'appelle par mon nouveau surnom : « Pétasse ». Il aura 5 ans dans 12 jours. VDM

Aujourd'hui, j'envoie un SMS à mon « mec », ou plutôt au courant d'air qui me sert de mec, pour lui dire que je me suis fait renverser par une voiture, mais que ça va à peu près. Réponse, 4 heures plus tard : « Bisou. » VDM

Aujourd'hui, un SDF m'a draguée dans le RER C et m'a chanté la sérénade pendant tout mon trajet. Le train était blindé. VDM

Aujourd'hui, ma copine est venue dormir chez moi pour la première fois. Elle se déshabille, et je suis tout excité (c'est un sacré canon). Là, elle me dit : « Je te préviens, je participe pas. » Effectivement, l'étoile de mer, elle bouge vraiment pas… Et popol non plus du coup. VDM

Aujourd'hui, et après une longue série d'examens, je viens d'apprendre que je suis stérile… Ma femme est enceinte de notre deuxième enfant… Je pense que je vais avoir des questions à lui poser. VDM

Commentaires des internautes :
- *« À bien y réfléchir, ça paraissait bizarre que l'un soit noir et l'autre, de type asiatique. »*
- *Le savoir maintenant ne change rien à ta situation. Si tu l'avais su plus tôt, vous auriez peut-être fait appel à un donneur pour avoir des enfants. Bon ben… c'est fait. Ta femme a pris les devants…*
- *Pourquoi, t'es pas content d'être papa ? Ça change quoi, qu'ils soient de toi ou pas ? C'est toi qui vas les élever, non ? Celui qui les a conçus ne saura peut-être jamais à quoi ils ressemblent. Qui les enfants vont-ils appeler « papa », d'après toi ?*

Aujourd'hui, ma fille de 9 ans, que j'élève seule, devait faire une rédaction sur la personne de sa famille qu'elle admire le plus. Elle a eu 9/10 en composant un texte très émouvant sur Skippy, son cochon d'Inde. VDM

Aujourd'hui, je m'assois sur un banc à côté de deux gars avec qui j'entame la discussion, je leur raconte ma journée pitoyable, et je commence à me rouler un buzz. Un des gars sort son brassard «police», il était en civil. VDM

Aujourd'hui, ma fille de 18 mois s'est éveillée à 3 h 30 du mat, pas de couche mouillée, pas de cauchemar, rien du tout. Juste une irrésistible envie de transformer son lit en Macumba Club. Elle s'est rendormie à 6 h 15, ma femme aussi, moi je vais travailler. VDM

Aujourd'hui, je faisais du shopping, et en voulant continuer à explorer un rayon qui me semblait effectivement bien long, je me suis mangé le miroir censé donner une impression de profondeur. VDM

Aujourd'hui, il est tard et je rentre chez moi. La police m'arrête, pensant que je suis une pute. Ça fait toujours plaisir de porter une minijupe. VDM

Aujourd'hui, j'ai enfin accepté d'accompagner mes collègues à une sortie VTT. Quelqu'un filmait, je me suis pris un arbre, je me suis fait mal, tout le monde s'est foutu de ma gueule au boulot, et la vidéo sera sur Youtube ce soir. VDM

Aujourd'hui, j'ai reçu deux SMS de ma copine. Le premier pour me dire que tout était fini, le second pour me dire qu'elle s'était trompée de destinataire. VDM

Aujourd'hui, je sors d'une soirée bien arrosée en compagnie d'une jolie jeune fille que j'ai rencontrée sur place. On décide de rentrer ensemble en taxi : la nuit promet d'être sympa… Sauf qu'en chemin j'ai dû sortir du taxi pour vomir. Elle a continué en taxi, moi à pied. VDM

Aujourd'hui, ma marraine m'a téléphoné pour me proposer de me présenter quelqu'un qui a 7 ans de moins que moi (j'en ai 28) et qui ne parle pas un mot de français. Il paraît qu'il ne faut pas que je fasse ma difficile, depuis le temps que je suis célibataire. VDM

Aujourd'hui, je rentrais de soirée avec des potes, quand nous avons croisé des professionnelles du sexe. Pour rigoler, nous avons demandé les tarifs, elles nous répondent que c'est 40 euros la passe, et que pour le gros c'est un peu plus cher (50 euros). Le gros, c'était moi. VDM

Aujourd'hui, je me réveille en me disant : « Tiens, ça fait comme quand j'ai envie de vomir. » Ça se confirme, je me penche dans le noir et vomis. « Tiens, ça a pas fait le bruit du vomi sur le parquet ! » C'était le bruit du vomi dans mon sac de cours ouvert avec tous mes cahiers dedans. VDM

Aujourd'hui, j'ai vu devant moi un jeune voler le sac d'une dame âgée et s'enfuir avec. Je cours après le voleur, qui finit par lâcher le sac et s'enfuir. Je ramène aimablement le sac à sa propriétaire, qui le fouille, sort un spray, et me gaze. Ce n'était pas une dame âgée mais une vieille peau. VDM

Commentaires des internautes :
- *Elle l'a acheté, c'est pour s'en servir !*
- *Une fois, j'ai voulu aider une vieille dame qui allait monter des escaliers avec un gros sachet de courses, elle s'est mise à hurler que j'allais lui voler...*

Aujourd'hui, à ma grande surprise, un bébé me sourit dans le tram. Étonnée, je lui fais un grand sourire (les enfants ne m'aiment pas). Il enlève sa tétine, fait un grand sourire et me la jette sur la tête. VDM

Aujourd'hui, je prenais tranquillement ma douche quand j'ai vu une énorme araignée sortir de derrière un meuble. J'ai hurlé et je me suis cassé la gueule dans la baignoire. Bilan : une entorse, ma famille qui se fout de ma gueule, et un monstre qui se promène quelque part dans la maison. VDM

Aujourd'hui, en montant dans le train, je vois un gamin de 4 ans sortir avec son cartable. Étonné, je m'installe. Le train démarre, je vois une femme hurler à la porte comme quoi son gamin est resté sur le quai. Jouant le héros, je tire l'alarme. Résultat : amende + insultes des autres passagers. VDM

Aujourd'hui, je fais 700 kilomètres pour voir ma meilleure amie que je n'ai pas vue depuis 6 mois. J'ai dû passer au maximum 5 heures avec elle, et là, elle m'annonce qu'elle va à un concert avec son copain. Je suis tout seul en train de manger du poisson pané froid. VDM

Aujourd'hui, c'est notre anniversaire de rencontre. On ne le passera pas à se regarder dans les yeux et à se bécoter, mais à éponger le sol des toilettes, car notre pompe à merde est en panne. Par on ne sait quel miracle, ça remonte et il y en a partout. Bon anniversaire, chéri, je t'aime ! VDM

Aujourd'hui, prise de court par le temps, j'ouvre une boîte de raviolis pour le dîner. Une fois mes enfants (4 et 5 ans et demi) servis, ils me disent : « Hmmm, c'est le meilleur repas que tu nous as jamais fait ! » Je cuisine tous les jours des plats sains et équilibrés. VDM

Aujourd'hui, ma tendre et chère me fait la tête par jalousie, car elle a vu, sur Hotmail, une bannière avec des photos de jolies jeunes filles voulant prétendument me rencontrer. Allez lui faire comprendre que ce n'est que de la pub et que c'est très courant sur le Net. VDM

Aujourd'hui, je me suis levée tôt pour faire un petit déj' royal à mon chéri : crêpes, café, jus de fruits… Je le réveille avec des petits mots doux et des bisous. D'un seul coup, il me repousse en disant : « Merci pour tout, ma chérie, mais s'il te plaît, brosse-toi les dents, t'as une haleine de poney ! » VDM

Commentaires des internautes :
- *J'aurais dit la même chose, et ma copine aussi : -) pas de quoi monter sur ses grands chevaux !! Ha ha… -_-*
- *Il aurait pu faire pire et dire que tu avais une haleine de poney mort !*
- *Estime-toi heureuse, il aurait pu miser sur toi au quinté +.*
- *Au moins, il le dit gentiment. : -)*
- *T'as eu le temps de lui préparer un petit déj', c'est vrai que t'aurais eu le temps de te brosser les dents !*
- *Et un petit déjeuner dans la gueule ! Un !*

Aujourd'hui, ça fait bientôt 2 ans, mon compagnon, lassé de se faire sans cesse relancer par son ex, m'annonce, excédé, qu'il va la voir pour mettre les choses à plat avec elle. Ils ont mis les choses à plat sur matelas, et elle est tombée enceinte. VDM

Aujourd'hui, entraînement de basket, trop motivé, quand au bout de 5 minutes une mauvaise passe me fracture l'index. Mes principaux hobbies sont le piano et la guitare, et en stage je passe 8 heures par jour devant un ordi. J'ai mis 10 minutes pour écrire ce message. VDM

Aujourd'hui, je me rends chez ma copine pour récupérer mon portable. J'arrive chez elle (j'ai les clés), je la surprends avec un autre dans son lit. Je rentre chez moi, dévasté ; et là, je m'aperçois que j'ai oublié mon trousseau chez ma copine. Enfin, mon ex. VDM

Aujourd'hui, alors que je laissais traverser un piéton, je me fais rentrer dedans par la voiture de derrière. Je descends en traitant le chauffeur d'« enculé de merde ». C'était ma grand-mère, et on a fait le constat à la maison. L'« enculé de merde » ne me donnera plus d'argent à Noël. VDM

Aujourd'hui, je déshabille ma femme qui regarde la télé, et commence un massage pour la détendre en même temps qu'elle regarde son feuilleton. Après 20 minutes, à la fin de sa série, elle me dit : « T'aurais quand même pu me laisser regarder la télé tranquillement ! » VDM

Aujourd'hui, je me fais arrêter par les flics ; dégoûtée et à peine la fenêtre ouverte, je dis au flic : «Excusez-moi, c'était un appel très important, ma sœur vient d'accoucher !» Et là, le flic me répond : «Ah, parce que vous étiez aussi au téléphone ?» Double amende : excès de vitesse + téléphone. VDM

Commentaires des internautes :
- *T'aurais aussi pu lui dire que t'avais pas fait gaffe paske t'avais trop bu…*
- *C'est pas parce que ta sœur repeuple le pays qu'il faut toi-même le dépeupler en roulant vite et au téléphone.*
- *Une fois, un flic m'arrête paske j'avais dépassé sur une ligne blanche une mémère qui roulait à 20 à l'heure, il me dit «vous savez pourquoi je vous arrête ?» je lui réponds sans réfléchir «ça dépend, ça fait combien de temps que vous me suivez ?». Amende à cause du dépassement + 30 minutes de contrôle total de la voiture.*
- *Je ne comprends pas pourquoi on roule vite si sa sœur accouche… Le bébé va pas grandir d'un coup.*
- *La vitesse est dangereuse au volant, supprimons les volants. C'est un garçon, une fille ?*

Aujourd'hui, je suis allée à la tour Eiffel avec mon homme. On parle mariage depuis longtemps, et j'ai toujours voulu une demande originale. On monte, je me fais des films. Arrivé en haut, il fouille dans ses poches, je crois le grand moment enfin arrivé, et il me sort : « J'ai toujours rêvé de fumer une cigarette à 300 mètres de hauteur. » VDM

Aujourd'hui, au lycée, j'avais très envie de pisser, d'habitude j'y vais jamais, car les verrous sont durs à ouvrir. Mais là, j'y suis allée. Je suis restée enfermée dans les chiottes 1 h 30, quand je suis sortie on m'a applaudie, et je dois payer un nouveau verrou au lycée. VDM

Aujourd'hui, j'ai fait remarquer à ma copine qu'elle n'était pas jalouse. Elle m'a répondu : « En fait, si, mais je peux pas te le prouver puisque personne ne s'intéresse à toi. » VDM

Aujourd'hui, je prends la ligne 14 du métro (celle où les portes se ferment automatiquement) à Gare-de-Lyon. J'ai dû forcer un peu pour rentrer, du coup ma veste s'est coincée dans la porte. Sauf que Gare-de-Lyon, c'est la seule station de toute la ligne où les portes s'ouvrent à gauche. VDM

Aujourd'hui, je sermonnais un pote de médecine qui passait ses soirées devant « Dr House » plutôt que de réviser, comme moi, le très gros examen. Le sujet du partiel portait sur le cas de l'épisode. Il a eu quatre points de plus que moi. VDM

Aujourd'hui, j'écris un SMS très important à ma meilleure amie. Je lui dévoile tous mes secrets et les plus intimes. Je pose mon portable, parce qu'on a sonné à la porte, et je vais ouvrir. 5 minutes plus tard, je reviens et je vois mon petit frère jouer avec. Résultat : 94 accusés de réception. VDM

Aujourd'hui, je reçois une lettre de l'IUT Paris-Descartes, je suis acceptée. Pour valider cette inscription, je dois me rendre obligatoirement et impérativement à la réunion d'information du 13 mai à Paris. J'habite à La Réunion. VDM

Aujourd'hui, j'ai envoyé un SMS à ma copine, partie en vacances avec notre coloc', pour lui dire à quel point je l'aime. Pour déconner, je lui dis de profiter que je sois pas là pour coucher avec lui. Le soir, elle m'envoie un SMS pour me dire qu'ils l'ont fait et que c'est fini entre nous. VDM

Commentaires des internautes :
• Eh oui, faut pas nous l'dire deux fois, à nous, les filles. : -)
• T'as tendu le bâton pour te faire battre !
• Elle l'a très bien rattrapé, le bâton…
• Tu as quel âge ? Tu es comment ? Envie d'aller prendre un verre ?
• D'après les dires de certaines, je m'approche plus du mignon que du laid, mais en même temps, les seules filles qui ne vomissent pas à l'idée de me parler sont pétées comme des loutres pas fraîches, alors ça fausse le jugement.

Aujourd'hui, je suis allé mettre de l'essence dans ma voiture. 500 mètres avant la station, je vois dans mon rétro un groupe de motards. Je me déporte alors sur la droite pour les laisser passer. Ils me doublent avant que je m'aperçoive qu'ils vont tous faire le plein. Trente-cinq motards et deux pompes à essence. VDM

Aujourd'hui, mon mari a posé sa journée pour jouer au nouveau jeu vidéo « GTA 4 ». Il n'avait pas voulu en poser une le jour de l'échographie pour connaître le sexe de notre bébé. VDM

Commentaires des internautes :
- *Tu sais ce qu'on dit, les pères sont conscients d'être pères qu'après l'accouchement…*
- *Ça y est ? Il est sorti « GTA4 » ?? Ça donne quoi ?*
- *C'est pourtant bien simple. La console, c'est quelque chose que l'homme peut tripoter et avec quoi il peut jouer pendant des heures sans (trop) s'en prendre plein les dents. Bref, la console, ça le console…*
- *Le sexe du bébé c'est pas non plus le truc le plus intéressant au monde. Du moment qu'il est là le jour de l'accouchement.*
- *P'tain mais c'est « GTA4 » quoi… Faut pas déconner non plus, ça fait super longtemps qu'il doit l'attendre !*
- *Sinon, félicitations pour le bébé !!!!!!*

Aujourd'hui, j'ai eu ma nièce de 4 ans au téléphone qui me dit : « Tata ! Je suis comme toi ! » Ravie d'apprendre que la petite se comparait à moi ; elle ajoute : « J'ai pas d'amoureux. » OK. VDM

Aujourd'hui, j'étais en maillot pour la première fois cette année. Mon petit frère me regarde et me dit : «Je savais pas qu'une fille pouvait avoir autant de poils.» VDM

Commentaires des internautes :
- *Bienvenue à l'Amicale des jeunes filles à frère imbuvable. :-) S'il est encore gamin, tu peux toujours le taper, non ?*
- *Petite leçon de chose. Le poil, c'est utile, à quoi ça sert ? Sous les bras et autour des organes génitaux, les poils semblent avoir des fonctions mal comprises, respectivement d'évaporation de la transpiration, et peut-être de diffusion d'hormones. Les poils, cheveux et autres phanères pourraient aussi contribuer à la détoxication de l'organisme, on y trouve, par exemple, une partie de toxiques tels que le plomb, le mercure ou l'arsenic absorbé via l'alimentation ou la respiration qui s'y accumulent. Dans les oreilles et le nez, des poils jouent le rôle de filtre et d'alerte en cas de pénétration (insecte, objet…). Conclusion : non, le poil c'est pas sale, le poil est ton ami !*

Aujourd'hui, ma petite sœur de 4 ans me dit : «Maman elle m'achète des culottes Petit Bateau et toi elle t'achète des culottes Gros Bateau !» VDM

Aujourd'hui, je me réveille avant mon copain et décide amoureusement de lui apporter le petit déj' au lit. J'arrive dans sa chambre avec le bol de café brûlant. Je ne connaissais pas parfaitement sa chambre ni ses poutres. Je m'en suis pris une en pleine tête, et le café s'est renversé sur son torse nu. VDM

Aujourd'hui, je décide d'aller chercher ma copine. Étant habillé en grand manteau et fringues plutôt sombres, je sonne à la porte de ma bien-aimée. Un grand type ouvre (son père ?), me toise un petit moment, me lance froidement « on prend pas les Témoins de Jéhovah » et ferme la porte. VDM

Aujourd'hui, j'ai appris que ma grand-mère se souvient de mon année de naissance parce que c'est l'année où son caniche est mort. VDM

Commentaires des internautes :
- *T'as plus qu'à acheter un caniche le jour du départ de ta grand-mère, et la boucle est bouclée…*
- *Vous faites les marioles, mais qui se rappelle de l'année de naissance de ses grands-parents…?*
- *Pour s'en souvenir, il aurait fallu être né.*
- *Change de grand-mère, y en a plein les maisons de retraite !*
- *Son chien de compagnie, c'est l'être qu'elle voit tous les jours et de qui elle s'occupe comme si c'était un enfant. Évidemment, mon explication a le défaut d'être rationnelle et de ne pas se baser sur l'hypothèse que ta personne est plus importante qu'un chien.: -)*
- *Les vieux, faudrait les tuer à la naissance.*

Aujourd'hui, mon chéri passe chez moi pour me rapporter des sous-vêtements que j'avais oubliés chez lui. Dans le tas, certains n'étaient pas à moi. VDM

Aujourd'hui, après 2 semaines
de dur régime, j'ai pris un kilo. VDM

Mais enfin que quelqu'un me donne une balance qui ne soit pas TRUQUÉE!

Aujourd'hui, il fait un ciel bleu comme pas possible, les oiseaux chantent. J'ai un exam' demain, j'en suis arrivé à fermer les volets et à avoir mis à fond le CD de pluie et d'orages pour me faire croire qu'il fait moche dehors. VDM

Aujourd'hui, j'arrive au bureau avec la gueule de bois. Devant la machine à café, il y a un mec à qui il manque 10 centimes pour acheter un café. Après qu'il a vérifié toutes ses poches cinq fois, je lui tends une pièce, en ayant marre d'attendre. Maintenant, il me manque 10 centimes pour le mien. VDM

Aujourd'hui, mon voisin vient me voir pour me demander d'emmener son chien qui vient de se faire percuter devant chez lui. Je me précipite pour sortir ma voiture quand j'entends un bruit sourd. Je n'avais pas vu que mon chien était allongé dans l'allée. Résultat? Son chien s'en est sorti, pas le mien. VDM

Aujourd'hui, j'étais debout dans la cuisine en train de beurrer une tartine quand elle a glissé, heurté la chaise et est tombée du bon côté. Je lève les deux bras au ciel pour exprimer ma joie... puis je heurte violemment le meuble de la main droite. Mon index est violet. VDM

Aujourd'hui, mon patron m'a encore draguée. Sa femme me déteste, tous mes collègues sont persuadés que j'ai eu le job en couchant. Je suis lesbienne. VDM

Aujourd'hui

VDM

Aujourd'hui

VDM

Aujourd'hui

VDM

Aujourd'hui

VDM

FALLAIT PAS ESSAYER

Qui ne tente rien n'a rien. Mais pour certains, la réussite n'est pas toujours au rendez-vous. Heureusement, car c'est toujours distrayant de voir son prochain se prendre tout seul les pieds dans le tapis. «Faute avouée est à moitié pardonnée...» On dira que l'autre moitié c'est pour bien se moquer.

Aujourd'hui, j'ai quitté ma copine, qui était amoureuse de moi assez méchamment, pour pouvoir sortir tranquillement avec une fille magnifique. Cette fille déménage dans une semaine à 400 kilomètres de chez moi. VDM

Aujourd'hui, ou plutôt hier soir, je passe en vélo devant une boîte branchée. Je décide d'insulter verbalement et gestuellement les jeunes devant l'entrée. Ce faisant, ma roue glisse sur une bouche d'égout, et je m'étale devant eux. Je crois qu'ils ont apprécié. VDM

Aujourd'hui, je m'arrête à un feu rouge en voiture. À ma gauche arrive une belle jeune fille. Je veux frimer en crachant par la fenêtre, ma vitre était fermée. VDM

Aujourd'hui, j'ai piqué des gants de skis. Y en avait plein une corbeille. Je me mets dos à la corbeille, en glisse une paire dans mon jean et me dirige vers la sortie. Juste avant, un grand Black m'intercepte, mort de rire. Je traînais derrière moi tous les gants attachés les uns aux autres. VDM

Aujourd'hui, je matais tranquillement les seins d'une collègue très mignonne. Quand je me suis levé de ma chaise, elle m'a gentiment fait remarquer que je portais des jeans trop serrés. VDM

Aujourd'hui, enfin non, il y a quelques semaines, je suis rentré dans ma chambre U déchiré, j'ai vomi dans mon évier et j'ai aussi pissé dedans. Le lendemain matin, je me suis rendu compte que le vomi avait bouché le lavabo. Résultat : une semaine avec un évier puant le vomi et rempli de pisse. VDM

Aujourd'hui, j'ai fait découvrir VDM à ma mère. Elle m'appelle toutes les 2 minutes quand elle lit quelque chose de drôle. VDM

Aujourd'hui, on recevait de la famille à la maison. Une forte envie de me masturber m'a pris en voyant ma cousine de 17 ans. Je suis allé dans la chambre de mes parents qui était inoccupée. Le talkie-walkie de ma petite sœur de 6 mois était resté branché et ma famille a tout entendu. VDM

Aujourd'hui, je viens de me réveiller avec la pire fille que tout le monde critique à l'IUT. Saleté de Vodka. VDM

Aujourd'hui, j'étais aux toilettes, je parlais à des potes qui étaient derrière la porte, et soudain un blanc, puis « plouf ». VDM

Aujourd'hui, je me suis engueulé au sujet d'une fille avec un gars de mon lycée, c'est le genre sensible et calme, et il fait une tête de moins que moi. Très énervé, je le pousse et le menace. Je ne savais pas que j'avais affaire à une ceinture noire de judo. J'ai encore mal. VDM

Aujourd'hui, ma prof d'anglais m'a interrogé sur une publicité parlant des enfants atteints du sida. Comme je ne savais pas quoi lui dire, mon ami bienveillant me souffla à l'oreille « I don't care… ». C'est seulement après avoir répété la phrase à ma prof que j'ai compris ce que cela voulait dire. VDM

Aujourd'hui, mon nouveau petit copain vient me parler en me disant qu'il était heureux de notre discussion la veille et qu'il espère que j'en tiendrai compte pour notre relation. Ne voulant pas le vexer j'ai confirmé. Hier, j'ai trop bu, je ne me souviens de rien. VDM

Aujourd'hui, en montant dans un bus, je commence à parler à une amie, puis je me rends compte que quelqu'un avait marché dans une belle merde bien fraîche. Je lui dis, et à voix haute : « Quel est le con qui a marché dans cette merde ? » J'ai suivi les traces des yeux, elles menaient à moi. VDM

Aujourd'hui, enfin hier soir, j'ai mis un antivol sur un Vélib' afin d'être sûr de ne pas rater un rendez-vous important. Ce matin, je m'aperçois que quelqu'un avait ajouté un autre antivol. VDM

Aujourd'hui, je suis avec des amis à une soirée. On trouve une blague à faire à un type qu'on déteste. J'augmente alors la puissance de flamme de mon briquet pour qu'il ait un choc en s'allumant une clope. 5 minutes plus tard, j'allume ma clope, je n'ai plus de sourcils. VDM

Aujourd'hui, j'ai parlé à mon ex sur le tchat en me faisant passer pour une autre. On se donne rendez-vous ce soir, et je compte lui poser un lapin, mais prise de remords, je lui envoie un message pour annuler. Mon portable est en mode anonyme. J'avais oublié que ça ne marchait pas pour les textos. VDM

Aujourd'hui, à Disneyland, une miss super «top of the pops» s'assoit à 2 mètres de moi. Je dis à mon pote, en portugais : « Une miss comme ça, je la laisse même pas sortir de la maison. » Elle se retourne avec un grand sourire et répond dans un portugais parfait : «C'est pas grave, je te ferai cocu à la maison.» VDM

Aujourd'hui, tous les P-DG de la firme où je travaille ont vu mon cul. J'ai envoyé par MMS à mon boss, avec qui j'ai une liaison, une photo de mes fesses pendant une réunion. Croyant à une blague, il a fait tourner son téléphone et a frimé devant toute l'assemblée avant de reconnaître mon numéro. VDM

Aujourd'hui, j'ai joué à Wii Tennis avec une fille qui m'obsédait depuis des mois. Tout se passait à merveille jusqu'à ce que je fasse la connerie de me prendre un peu trop pour Yannick Noah en faisant un pire smash dans sa tête. Résultat, je lui ai pété ses lunettes et elle m'a viré de chez elle. VDM

Aujourd'hui, j'ai sauté par-dessus un mur parce que je pensais que ça prendrait trop de temps de le contourner. Résultat, je m'suis vautré et j'ai récolté un mois de plâtre plus une opération pour une triple fracture du poignet… Super gain de temps… VDM

Aujourd'hui, ou plutôt ce matin, seul dans mon bureau, j'ai voulu lâcher un petit pet discret. Tout ne s'est pas passé comme prévu. Je suis au boulot, je n'ai pas de slip de rechange et j'habite à 45 kilomètres. La journée va être longue. VDM

Aujourd'hui, enfin hier, à la douane anglaise de l'Eurostar, un douanier m'a demandé si j'avais fait mes bagages moi-même. Pour déconner, j'ai répondu : « No, I was helped by a member of Al Qaida. » J'ai eu droit à une fouille intégrale et j'ai raté mon train. VDM

Aujourd'hui, j'ai tenté de rendre jalouse ma copine pour me venger, puisqu'elle l'avait fait avant. Ça a marché. Je suis célibataire. VDM

Aujourd'hui, je vais me doucher, et là me vient l'envie d'uriner. Fainéant d'aller faire l'aller-retour aux toilettes, je me laisse aller. Je n'avais pas vérifié l'eau qui avait été coupée plus tôt dans la journée. VDM

Aujourd'hui, je sors comme excuse pour mon retard qu'un gros lourd m'a accosté dans la rue et que j'ai eu du mal à le faire dégager. Quelques heures plus tard, l'administration du lycée a prévenu les flics, je passe 6 heures au commissariat pour tenter d'identifier un type qui n'existe pas. VDM

Aujourd'hui, ou plutôt hier, je vais voir ma patronne pour organiser des heures que je devais rattraper. Elle avait oublié… Je sors du taf, je vais payer mon kiné, un mois que je lui dois du fric. Il avait oublié aussi. VDM

Aujourd'hui, j'ai rompu par SMS. On m'a juste répondu : « Bon OK. » Je ne comprends pas, il ne devrait pas se traîner à mes pieds, supplier, et dire qu'il ne pouvait pas vivre sans moi ? VDM

Aujourd'hui, j'ai voulu prendre ma revanche sur mes colocs qui baisent toutes les nuits comme des furieux. Avec une copine, on a sauté sur le lit en faisant des bruits douteux. Ça a marché, ils ont été réveillés… et ont baisé comme des furieux. Deux fois. VDM

Aujourd'hui, j'ai trouvé le mot de passe du MSN de mon copain. Mon pseudo était dans la catégorie «Plan Q ». VDM

Aujourd'hui, après des ébats amoureux avec ma copine, je passe par la salle à manger, en caleçon, je lance un « bonjour Tony ! » (le prénom de son père), pour mettre la pression à ma meuf, et là j'entends « bonjour Lio »... Il était effectivement là. VDM

Aujourd'hui, je me suis réveillée à côté d'un mec dégueulasse que je ne connais pas. Il m'apprend qu'il est le meilleur ami du joli garçon que j'ai dragué pendant toute la soirée, hier soir. Je me rappelle plus à quel moment j'ai commis l'erreur de confondre les deux et de ramener le mauvais. VDM

Aujourd'hui, je parlais avec ma copine dans la cuisine de ses parents, elle me dit : « Je vais me doucher. » 5 minutes après, je me pointe pour lui faire une surprise. Je me déshabille et ouvre le rideau de la douche. C'était sa mère qui était là, ma copine attendait dans sa chambre que sa mère ait fini. VDM

Aujourd'hui, j'ai voulu allumer ma clope, il n'y avait aucun briquet chez moi, j'ai allumé la gazinière. Je n'ai plus de poils de nez, et il me manque quelques sourcils. VDM

Aujourd'hui, j'ai ouvert mon PC dans le TGV, histoire de regarder un bon film téléchargé. Évidemment, c'était un fake, et tout le wagon a eu droit à 5 secondes d'anulingus. Deux hommes. VDM

Aujourd'hui, ma maîtresse me fixe un rencard. Dans la précipitation, j'oublie mon téléphone portable à la maison. Ma maîtresse tente de me joindre sur mon portable : « Alors, chéri, tu arrives quand ? » Mais c'est ma femme qui a pris la communication du portable resté à la maison. VDM

Aujourd'hui, sur les pistes de ski, je m'arrête en forêt pour faire pipi. Sans enlever mes skis, je m'accroupis… et me mets à glisser en bas de la pente, m'écorchant le derrière. À l'hosto, un type me raconte avoir foncé dans un sapin parce qu'il a vu une femme traverser la piste les fesses à l'air. VDM

Aujourd'hui, au boulot, j'ai reçu un message du service informatique m'informant qu'aller sur des sites à caractère pornographique était un motif de licenciement pour faute grave. VDM

Aujourd'hui, je monte dans le train à côté d'une fille mignonne et qui n'arrête pas de me fixer. J'engage la discussion avec elle, je frime un peu, et à un moment, je la vois qui sourit et qui rougit quand tout à coup je sens de l'air entre mes cuisses… J'avais la braguette ouverte depuis 15 minutes. VDM

Aujourd'hui, j'ai cassé la vitre de la photocopieuse en voulant photocopier mon cul. Ma chef arrive dans 5 heures. Ça peut être que moi, je suis le veilleur de nuit. VDM

Aujourd'hui, j'ai retrouvé la Carte bleue que j'avais perdue et remplacée par une nouvelle quelques jours avant. Je vais donc pour découper l'ancienne qui ne fonctionne plus et… me rends compte que j'ai coupé en deux la nouvelle. VDM

Aujourd'hui, j'en ai eu marre de ma voisine qui n'arrête pas de tousser, nuit et jour, depuis 6 mois. Je vais sonner à sa porte pour lui soumettre quelques remèdes, et accessoirement pour pouvoir dormir plus tranquille. J'ai appris qu'elle a un cancer des poumons. VDM

Aujourd'hui, j'ai dit à une fille, avec qui j'ai couché sans la connaître, « non, c'est pas un coup d'un soir », quand elle me disait « demain tu m'auras oublié ». Le lendemain, j'aurais pu conclure avec une fille que j'aimais vraiment. L'autre est arrivée à ce moment-là et a sorti : « C'était super, hier. » VDM

Aujourd'hui, et pour la deuxième fois, mon copain m'a surprise en train de coucher avec un de ses potes et il m'a sorti : « Ma pauvre Sarah, si les rues étaient pavées de bites, tu marcherais sur le cul ! » Sur le coup, ça m'a fait rire. VDM

Aujourd'hui, je reçois une lettre de la CAF me signalant que je leur dois 250 euros. Ne comprenant pas ce qui se passe, je décide de les appeler : effectivement il y a une erreur, je leur dois 1 200 euros. VDM

Aujourd'hui, j'ai tendu un dossier à ma collègue de boulot (plutôt rondouillarde). J'ai voulu accompagner mon geste d'une note d'humour en disant «tiens, voilà du boudin». Sauf que ma langue a fourché, et que tout ce qui est sorti de ma bouche fut «tiens, boudin». VDM

Aujourd'hui, j'avais un oral d'allemand pour le bac blanc. Je me plante et tente de faire le mec sérieux à coups de «oui, il faudrait que je regarde des films en VOST pour progresser», et ajoute «à ce propos, j'avais pensé regarder *Metropolis*». *Metropolis*, film muet. VDM

Aujourd'hui, j'ai voulu quitter le mec avec qui je suis depuis 5 ans. Je lui avoue alors que je l'ai trompé, et lui sors que c'est impardonnable, et que je comprends qu'il ne veuille plus jamais me revoir. Je rejoins la porte, et il me dit : «Je te pardonne. » VDM

Aujourd'hui, ma copine se plaint que je ne l'embrasse pas assez. Seul problème, son haleine m'indispose. Je lui réponds donc gentiment : «Bah, tu m'en fais pas plus ! » Résultat des courses, elle n'a pas arrêté de m'embrasser. VDM

Aujourd'hui, je dansais avec mon plat de pâtes, j'ai glissé sur le parquet, je me suis rétamé. VDM

Aujourd'hui, j'appelle un collègue en masqué, et je le menace en prenant une voix de psychopathe. Je conclus par un «je sais qui tu es, mais tu ne sais pas qui je suis HA HA HA!». 2 minutes après, je reçois par texto: «Les seules personnes à qui j'ai donné mon nouveau numéro sont ma mère et toi.» VDM

Aujourd'hui, je me branlais dans les toilettes d'un des nouveaux TER quand le contrôleur frappe à la porte. J'avais presque fini alors je n'ai pas ouvert tout de suite. Sauf que lui il avait un passe… Je me suis retrouvé face à lui et trois passagers. Le pire, c'est que je n'avais pas de billet. VDM

Aujourd'hui j'ai voulu me faire un petit jambon purée à midi. Pressée, les mains prises, j'ai voulu ouvrir le pot de poivre avec les dents, il a explosé dans ma bouche. J'ai passé une heure à pleurer et à tousser. VDM

Aujourd'hui, j'envoie un texto à mon ex, qui m'a quittée il y a 4 mois et qui me manque, en lui disant de revenir. Il m'a répondu : «Sentimentalement je reviendrai pas, mais sexuellement je veux bien.» VDM

Aujourd'hui, j'envoie un mail à une ex qui me trotte dans la tête depuis trop longtemps. Je n'ai aucune chance, donc pour me défouler, je lui dis que je suis devenu homo. Elle répond qu'elle est contente que je sois enfin épanoui. VDM

Aujourd'hui, en sortant du RER, je vois sortir une charmante demoiselle. Je fais donc un peu le kéké pour essayer de me faire remarquer, je grimpe les escaliers de manière sportive, souple et chaloupée… mais je ne lève pas assez le pied, me mange la marche, et me viande devant elle. VDM

Aujourd'hui, pour plaisanter en voyant un avis de nécrologie, j'ai dit à un pote, : «T'as vu, ton père, il est mort.» Il m'a répondu : «Ouais, je sais.» VDM

Aujourd'hui, j'ai ouvert un paquet de céréales, et il a explosé sur mon clavier ; maintenant, mon clavier croustille. VDM

Aujourd'hui, je prenais un verre avec des potes du boulot, et je vois une belle femme qui semble chercher quelque chose. Je m'avance vers elle (pour la draguer devant les potes) et lui demande ce qu'elle a perdu. Elle me répond : « Mon mari et mon fils. » VDM

Aujourd'hui, en revenant d'une séance de shopping, un mec sacrément canon me dépasse ; je décide de faire le vieux coup du mouchoir, mais n'ayant aucun mouchoir sous la main, je le double et laisse tomber mon porte-monnaie derrière moi. Le mec a ramassé mon porte-monnaie et s'est barré en courant. VDM

Aujourd'hui, nous avons eu l'idée (lumineuse ?) de faire l'amour sur un pouf avant le retour de mon colocataire. Résultat : un petit millier de billes de polystyrène dans le salon. Et non, ça n'est pas ramassable en 30 minutes… VDM

Aujourd'hui, j'ai dit à mon mec que j'en avais marre qu'il aille tout le temps au cinéma. J'ai dit : « C'est ta carte de ciné ou moi, j'en ai ras le bol. » Et lui de me répondre : « Écoute, je me fais moins chier quand je suis au cinéma. » VDM

Aujourd'hui, enfin il y a quelques semaines en fait, j'en ai marre de perdre du temps par pudeur le matin dans la salle de bains avec mon colocataire masculin. Je me dis qu'on est assez grands, je sors nue de la douche, etc. Depuis, il se dit amoureux de moi, me suit partout, tente de m'embrasser… VDM

Aujourd'hui, j'étais à la piscine en train de faire des longueurs, quand soudain je repère un beau gosse. Pour l'impressionner, je commence une longueur de crawl rapide. Au bout de 10 mètres, j'ai eu une crampe et j'ai failli me noyer. VDM

Aujourd'hui, plutôt l'année dernière, repas avec ma douce et ses parents. Fin de repas et alcool aidant, je discute des jeunes stagiaires du travail et je lâche, en parlant de l'une d'elles : « Ah, la cochonne. Elle, elle m'excite bien. » Grand silence, mon cerveau se met enfin en marche, trop tard. VDM

Aujourd'hui, gala de fin d'année. J'engloutis quatre rhum orange. Je vois cette fille qui me plaît depuis longtemps. Je vais l'aborder en lui disant qu'elle ressemble à une actrice porno de la fin des années 1980. VDM

Aujourd'hui, j'me suis dit : «Allez gros geek, sors un peu voir le soleil, lève ton cul de ton PC, va marcher.» J'me donne du courage, j'me fais violence, je sors de chez moi. Sans mes clés. Depuis 4 heures, je squatte un cybercafé. VDM

Aujourd'hui, je ressors d'un contrôle très important, en sortant je fouille mes poches dans le but de trouver mon antisèche... Je l'ai laissée dans la copie double. VDM

Aujourd'hui, je passe un contrôle de physique. N'ayant pas révisé, je copie mot pour mot sur ma voisine. On n'avait pas exactement les mêmes sujets. VDM

Aujourd'hui, en salle informatique, je suis parti chercher du papier pour l'imprimante au bureau des pions. Ne voyant pas mon prof au retour, je décide de sauter sur un camarade assis devant son PC en criant : «Attention, tu vas bouger !» C'était mon prof. VDM

Aujourd'hui, j'ai voulu voir si la poêle était chaude. Je n'ai plus d'empreintes digitales. VDM

Aujourd'hui, quand je me suis réveillée, mon mari était déjà hors du lit. Je pense l'entendre passer dans le couloir et je lui dis : «Alleeez, fais pas ton timide, ramène ton sexe tout de suite et viens me faire des choses.» Une voix me répond : «Il est parti chercher du pain.» C'était ma belle-mère. VDM

Aujourd'hui, il est 1 h 30 du matin, le dernier bus passe à 1 h 35. J'ai une soudaine envie d'uriner, je me mets derrière l'arrêt de bus. À ce moment-là, le bus passe, en avance. VDM

Aujourd'hui, j'ai acheté un paquet de Schtroumpfs, les bonbons gélifiés, et je m'en suis enfilé les trois quarts en stage. Ce que je ne savais pas, c'est que ces fichus bonbons ont un colorant puissant. J'ai la langue toute bleue et une présentation dans 10 minutes devant des clients. VDM

Aujourd'hui, une fille sur qui je flashe depuis un moment met en avatar MSN une photo d'un mec avec un cœur. Moi, jaloux comme pas deux, je lui dis que le type est super moche et qu'on dirait un tueur à gages. Il s'agissait de son frère qui a une leucémie. VDM

Aujourd'hui, nous étions trois au resto : une amie obèse, mon mec et moi. Mon amie sous-entend qu'elle veut se faire opérer. Mon mec : « Tu vas te faire poser un anneau ? » Perdu. Les dents de sagesse. VDM

Aujourd'hui, ce matin pour être précis, je cherchais un magazine dans la table de nuit de ma mère et suis tombé sur un test à la noix concernant le sexe. Donc : ma mère aime l'anal, le buccal, et le sexe de mon père est tordu. Nausée. VDM

Aujourd'hui, je joue en concert avec mon groupe, et au moment de réaliser un saut digne d'une rock star, guitare en main, je me foule la cheville en retombant et je me vautre sur mon ampli devant 850 personnes. Concert stoppé. Bien sûr, France 3 n'a rien manqué de la scène. VDM

Aujourd'hui, en quittant le restaurant, le très beau serveur que j'avais essayé de draguer toute la soirée m'a dit devant tout le monde : « Mais pourquoi t'as inscrit ton numéro sur la table avec des cœurs ? Je vais pas t'appeler, tu sais ! » VDM

Aujourd'hui, avec mon homme, nous avons des jeux sexuels un peu particuliers. C'est ainsi que je me retrouvai ligotée, bâillonnée dans le coffre de sa Clio, direction son appart'. J'y serais sa prisonnière sexuelle pour le week-end. Après 10 minutes de route, il s'arrête. « Contrôle de police, monsieur, vos papiers, SVP. » VDM

Aujourd'hui, pressé, je passe par la salle de bains pour un brin de toilette. Pour gagner du temps je décide de pisser en même temps que je me brosse les dents. Je n'avais pas prévu que la main qui tient l'engin allait produire le mouvement de celle qui tient la brosse. Et une murale, une ! VDM

Aujourd'hui, je prends une part d'un des gâteaux apportés par les invités à un anniversaire. Je la trouve pas bonne et la tends discrètement à la fille à côté de moi en lui disant : « Tu en veux ? Moi je trouve ça dégueulasse. » Elle me répond : « Merci, c'est moi qui l'ai fait. » VDM

Aujourd'hui, je veux déboucher mon évier avant de faire la vaisselle. Bien consciencieusement, je dévisse le coude du tuyau en dessous de l'évier en ayant mis un bol en dessous. Je récupère toute l'eau sale bien noire dans le bol. Je verse le bol dans l'évier. VDM

Aujourd'hui, un automobiliste m'a piqué la place où j'allais me garer. Je lui ai poliment demandé de se pousser, il m'a insulté, j'ai donné deux grands coups de pied dans sa voiture, devant beaucoup de témoins. La voiture n'a rien, je me suis déchiré les ligaments du pied. Un mois de plâtre. VDM

Aujourd'hui et depuis un an, je suis la couverture de mon meilleur ami gay. Hier, grand repas pour l'anniversaire de sa grand-mère. Mon repas passe mal (fruits de mer) et je cours vomir aux W-C. En revenant, on m'applaudit en guise de «félicitations». Ils pensent que je suis enceinte et qu'on va avoir un bébé. VDM

Aujourd'hui, en urinant, j'ai visé le petit bloc bleu posé au fond de l'urinoir. J'ai appris à mes dépens que ça gicle et que ça fait plein de petites taches bleues sur les habits. VDM

Aujourd'hui, je jouais avec mon hamster sur mon balcon. Comme il ne veut pas jouer, je lui fais une toute petite poussette avec le pied pour le réveiller. Il est tombé du quatrième. VDM

Aujourd'hui, mes parents étaient partis en vacances. Je n'ai pas le permis, mais j'ai eu envie d'essayer d'avancer et de reculer la voiture de mon père dans le parking, juste comme ça, pour voir ce que ça fait. Résultat : j'ai foncé dans la voiture de ma mère avec celle de mon père. VDM

Aujourd'hui j'ai voulu faire le malin et montrer à mes collègues comment je pouvais allumer à distance la webcam qui est chez moi. Ainsi, nous avons appris tous ensemble que je suis cocu. Je sais pas encore si je vais divorcer, mais c'est sûr que je vais arrêter la bidouille informatique. VDM

Aujourd'hui, je suis brancardier dans une clinique. En descendant un patient paraissant inquiet au bloc opératoire, je veux le rassurer en lui disant « ne vous faites pas de soucis, vous serez bientôt sur pied ! », avant de lire sur son dossier : « Amputation jambe gauche ». VDM

Aujourd'hui, je vais sur l'ordi de ma mère, je cherche dans l'historique un truc que j'ai cherché il y a 2 semaines, et là je tombe sur un site porno où elle met des photos d'elle. VDM

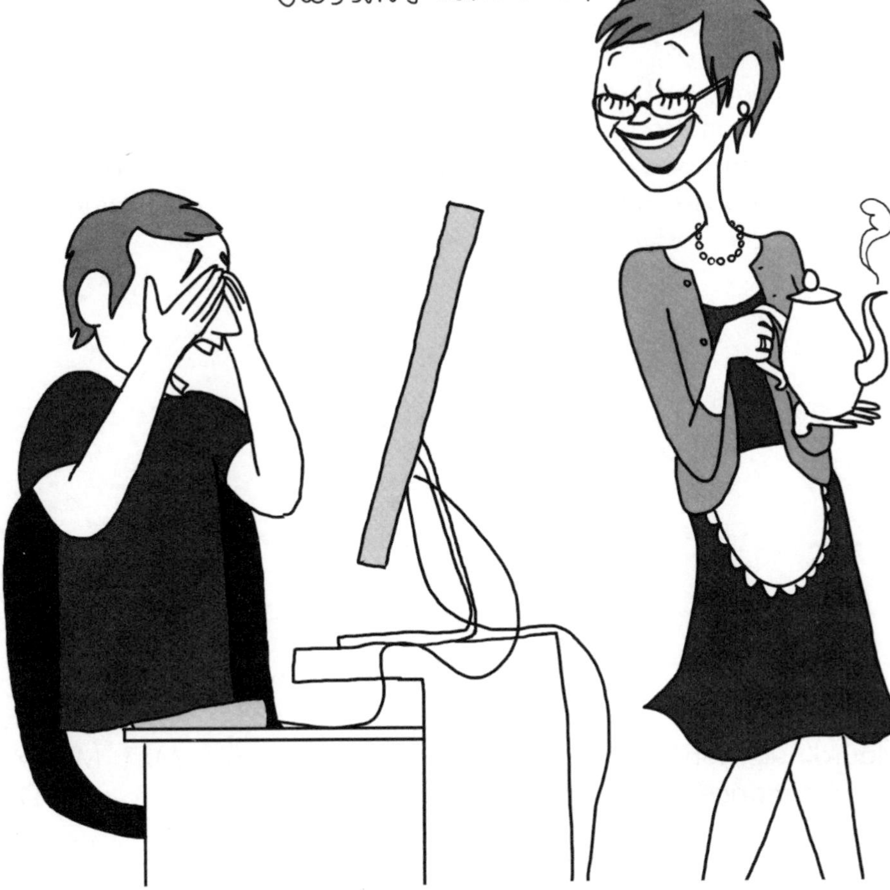
Alors mon poussin,
tu regardes des
dessins animés?

Aujourd'hui, je décide de mettre mon ordinateur en mode diaporama (défilement de photos). Vous saviez que les fichiers cachés aussi sont lus durant ce mode ? Eh bien, moi je l'ai appris en même temps que le reste de la famille en voyant ma copine nue sur le PC. VDM

Aujourd'hui, il y a 10 minutes, j'entends ma voisine hurler comme si on l'égorgeait. Sa fenêtre est ouverte. Interloqué, je vais sur mon balcon, et demande d'une voix forte si elle va bien et si elle a besoin de quelque chose. Elle et son copain me répondent en chœur : « On baise, dégage ! » VDM

Aujourd'hui, et depuis 2 semaines, je prépare ma copine à la rupture en lui sortant de méchantes vannes. Depuis 2 semaines, elle me trouve super rigolo. VDM

Aujourd'hui, mon meilleur ami m'annonce qu'il a une MST. Moi je dois lui annoncer que j'ai couché avec sa copine il y a 3 jours. VDM

Aujourd'hui, une stagiaire bosse avec moi, et après avoir fait connaissance, j'aperçois le sous-directeur qui s'approche de mon bureau. Je la mets en garde en lui disant bien de se méfier de ce connard-là. Il rentre, elle dit : « Bonjour papa ! » VDM

Aujourd'hui, j'avais rendez-vous avec un responsable de ma boîte. N'étant pas physionomiste, et peu soucieux du nom de famille des gens, j'étais fier d'avoir retenu son nom et son visage : « Bonjour, monsieur Le Hideux », lui dis-je. « Monsieur Le Vilain suffira... » me rétorqua-t-il. VDM

Aujourd'hui, une ancienne camarade de classe que je n'avais pas du tout envie de revoir se dirige vers moi à la fac. Je décide donc de faire semblant d'être au téléphone. Et en arrivant près d'elle, mon portable se met à sonner. VDM

Aujourd'hui, j'ai lancé à mon copain : « Je suis la plus grande de toutes les femmes de ta famille ! » Et il m'a répondu : « Oui, mais tu es la plus grosse aussi ! » VDM

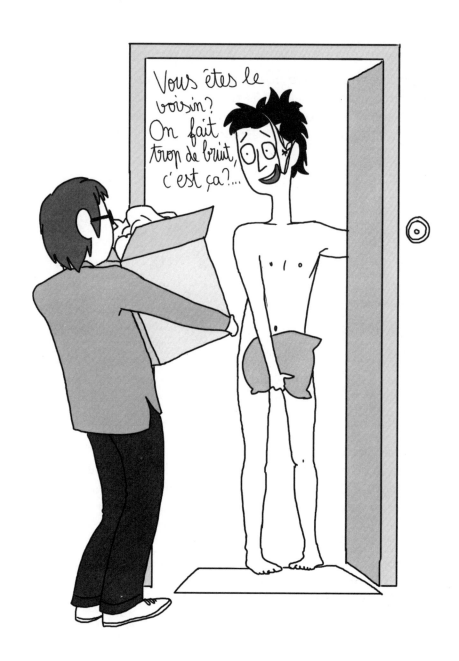

Aujourd'hui, je me décide à ramener les affaires de mon ex-copine avec qui j'ai passé 6 ans de ma vie. J'ai rompu cette semaine et j'avais bon espoir qu'elle ait compris ses erreurs, et qu'elle me demande de rester un peu pour discuter. Je sonne à sa porte, et son nouveau copain m'ouvre. VDM

Aujourd'hui, j'étais dans le métro avec une copine et j'ai flashé sur un mec. Ne sachant pas comment l'aborder, je lui dis : «Salut. Avec ma copine, on a parié 10 euros que tu me donnerais ton numéro ! » Le mec me regarde, glacial, et me répond : «Dis à ta copine qu'elle a gagné 10 euros. » VDM

Aujourd'hui je me suis fait prendre à voler des bonbons. J'ai 25 ans. VDM

Aujourd'hui, je cherchais des photos dans l'ordinateur de mon père et je suis tombé sur des photos de ma mère à poil. VDM

Aujourd'hui, j'avais piscine, j'ai voulu faire mon malin devant un groupe de femmes. J'ai plongé en salto arrière, je me suis explosé le nez au fond. Direction l'hôpital. VDM

Aujourd'hui

VDM

Aujourd'hui

VDM

Aujourd'hui

VDM

Aujourd'hui

VDM

JUSTE PAS DE BOL

Être au mauvais endroit au mauvais moment, certains en font un sport national. On a tous nos moments de malchance, mais eux semblent ne jurer que par la loi de Murphy. « Ce n'est pas ma faute », quand même, on finit par se demander s'ils ne portent pas la poisse. Allez, demain ça ira mieux… ou pas.

Aujourd'hui, j'étais sur un chat de rencontres, je parlais à une fille. On se trouve bien, on se plaît. Elle me dit qu'elle a lâché son mec car c'était un gros con. 20 minutes plus tard, on s'envoie nos photos... C'était mon ex. VDM

Aujourd'hui, je suis rentré de boîte complètement déchiré. Je me mets dans mon lit et soudain j'ai envie de rendre mon dîner. Pour ne pas réveiller mes parents, j'ai rien trouvé de mieux que d'ouvrir la fenêtre et de me lâcher... sur le pare-brise de la voiture de ma mère. VDM

Aujourd'hui, je fais enfin connaissance avec une fille que je visais depuis des mois. La conversation est agréable. On habite dans le même quartier, on en parle. Je lui dis que le petit resto en bas de chez moi est vraiment dégueu. C'est celui de ses parents. VDM

Aujourd'hui, je me suis infiltré silencieusement sur le toit pour fumer un gros pétard sans réveiller mes vieux. Mais je me suis cassé la gueule parce que c'était mouillé. J'ai niqué toutes les tuiles sous moi. Puis celles qui ont glissé devant ont détruit la véranda en verre en dessous. VDM

Aujourd'hui, en révisant 1 heure dehors, j'ai eu un coup de soleil… à Lille. VDM

Aujourd'hui, j'étais avec un pote, sur un pont, on voit deux mecs plutôt grands arriver très vite vers nous. On balance notre polochon de 50 euros de beuh dans le lac. En fait, c'était juste deux hommes pressés. VDM

Aujourd'hui, après avoir bossé plus de 2 heures sur une maquette, au lieu de cliquer sur « Enregistrer », je fais « Quitter ». VDM

Aujourd'hui, j'ai envoyé un SMS à ma copine disant que je voulais lui faire l'amour ce soir. Je me suis trompé, j'ai envoyé le message à son frère. VDM

Aujourd'hui, je me suis aperçu que mon département, le Val-de-Marne, possédait les mêmes initiales que «vie de merde». VDM

Aujourd'hui, ou plutôt hier soir, j'ai vomi dans les pissotières d'un bar, parce que les autres toilettes étaient occupées. Il y avait deux pissotières, l'autre était occupée par un de mes élèves. Je sais pas comment je vais faire mon cours lundi, j'ai le week-end pour y réfléchir. VDM

Aujourd'hui, en débarrassant la table chez mes beaux-parents, j'ai donné une petite tape sur les fesses de ma femme, qui avait la tête dans le frigo. C'était sa mère. VDM

Aujourd'hui, un vendredi, à 20 heures, je me dis que les locaux sont vides, et je me permets en urinant de considérer mon principal attribut comme un sabre laser de Jedi (bruitages compris). Mon boss, que je n'avais pas vu, me sort : « On s'amuse comme on peut ! » VDM

Aujourd'hui, je me suis pris une merde de pigeon dans l'œil alors que j'étais sur mon vélo. VDM

Aujourd'hui, coup de fil matinal pour un entretien d'embauche. Je me lève pour noter la date, ma main glisse sur la barre d'espace de mon clavier d'ordinateur et remet en lecture mon film de cul. En est sorti un : « Oh oui ! Tape dans le fond, je suis pas ta mère ! » VDM

Aujourd'hui, revenu d'une nuit chez ma copine, je lui envoie sur MSN : « Alors, t'as aimé hier soir ? — Je sais pas, mais vous avez fait beaucoup de bruit. » C'était son père sur le PC. VDM

Aujourd'hui, j'ai découvert VDM sur Internet. Je parcours pas mal de pages, et je tombe sur une anecdote qui me fait réaliser que mon mec a une maîtresse, au vu des faits relativement uniques. Il n'a même pas pris la peine de changer son pseudo. VDM

Aujourd'hui, comme tous les matins, à mon réveil j'ai fait un bisou sur le nez de mon chien qui dort à côté de moi. Sauf que ce matin, mon chien était à l'envers. Je lui ai embrassé le cul. VDM

Aujourd'hui, je me rends à l'épreuve de maths d'un concours d'entrée d'une école d'ingénieur. Je sors de mon sac ce que je crois être ma calculatrice… C'était la télécommande de la télé. Les maths étaient coef' 6, je voulais vraiment réussir ce concours. VDM

Aujourd'hui, je tombe en panne sur une route de montagne, à 20 kilomètres du village le plus proche. Je commence à pousser dans la descente pour prendre de la vitesse et redescendre en roue libre. La voiture prend trop de vitesse et j'ai pas le temps de monter… Elle finit dans un ravin, irréparable. VDM

Aujourd'hui, je m'amusais à faire courir mon chat après une ficelle. Devant répondre à un SMS, je m'assois et pose la ficelle sur mon entrejambe. Le chat, qui n'a pas compris que je faisais une pause, se jette dessus toutes griffes dehors. VDM

Aujourd'hui, avec les collègues, on s'est congratulés d'avoir des femmes super canons (en exagérant). On en voit une qui arrive vers nous, et je dis à un collègue : « Celle-là est vraiment moche, heureusement pour nous, on s'en tire bien ! » Et lui : « C'est ma femme. » VDM

Aujourd'hui, à midi, avant de prendre le café au restaurant, je suis allé aux toilettes. Lorsque j'ai tiré la chasse, l'eau s'est mise à monter, monter, monter… Je suis vite sorti, j'ai payé sans boire mon café. Sauf que j'avais oublié ma veste de costume accrochée à la porte des toilettes. VDM

Aujourd'hui, alors que je me rasais les parties avec ma tondeuse électrique, celle-ci se pète alors qu'un seul testicule est rasé. Inutile de préciser la tête de ma copine, que je n'avais pas vue depuis deux semaines, lorsqu'elle a voulu me faire une petite gâterie surprise. VDM

Aujourd'hui, j'ai voulu faire l'effort de me lever plus tôt pour aller chercher des croissants pour le petit déjeuner avec ma chérie. Elle s'est levée avec la gastro. VDM

Aujourd'hui, non en fait depuis les deux dernières années, je suis en couple à distance (800 kilomètres). Il vient une semaine à chaque vacances scolaires. Ça marche très bien. C'est juste qu'il n'y a pas eu UNE SEULE semaine en commun où je n'ai pas eu mes règles. VDM

Aujourd'hui, je vais au bahut en vélo. Sur le trajet, je dois doubler un autre cycliste qui roule moins vite que moi. Au moment où je le dépasse, il tourne sa tête vers la gauche sans me voir et crache. VDM

Aujourd'hui, sur MSN, je vois : « Laura vient de se connecter. » Ma copine s'appelant Laura, je lance sans hésiter : « J'ai envie de toi. » Sauf que c'était ma chef, qui s'appelle aussi Laura. VDM

Aujourd'hui, j'ai fait l'amour à ma copine. Après l'acte, je me suis rendu compte que mon téléphone était sur le lit, et à cause des mouvements, mon téléphone a appelé mon père. Il était sur messagerie, mais il aura bientôt les détails. VDM

Aujourd'hui dans la matinée, je portais mon bol de chocolat chaud bien rempli. En arrivant dans le salon, la manche de mon pull s'est prise dans la poignée de la porte. VDM

Aujourd'hui, une copine perd sa bague dans un lac, elle y tient trop. Il y a peu de profondeur, je plonge la main. Après 10 minutes à fouiller dans la vase, je la retrouve. Je lui tends, trop contente elle me saute dans les bras. La bague retombe. VDM

Aujourd'hui, comme tous les jours, je me brosse les dents. Je décide ensuite de faire un brin de ménage et commence par les toilettes. Je cherche la brosse à dents qui me sert à récurer les endroits difficiles… Et me rends compte que c'est celle avec laquelle je me brosse les dents depuis une semaine. VDM

Aujourd'hui, j'ai demandé à mes élèves de me décrire le métier de leurs parents à l'oral. Je suis professeur d'anglais. Ça se passait bien jusqu'à ce que je me tourne vers un des plus timides de la classe. Je lui demande ce que fait son père dans la vie. Il lance d'un regard noir : « Il est mort… » VDM

Aujourd'hui, j'ai voulu goûter la pâte à gâteau que j'avais préparée. J'ai pris mon petit doigt et je me suis rendu compte que c'était celui avec lequel je m'étais gratté l'oreille 5 minutes avant. VDM

Aujourd'hui, j'appelle mon pote Yannick, qui est à la bourre, et je fais : « T'es où, connard ? » J'avais composé le numéro de Yannick... un de mes chefs. VDM

Aujourd'hui, au boulot, en voulant tester le nouveau module de newsletter que j'avais fait, j'ai fait une erreur et envoyé le mail « toto » à plus de 2 500 abonnés, avec le nom de mon entreprise en objet... Je n'ai encore rien dit. VDM

Aujourd'hui, ma copine me dit : « Tu sais que, pour être propre, il suffit de se laver seulement trois fois par semaine... » Silence. VDM

Aujourd'hui, j'ai envoyé un SMS à mon copain : « Viens chez moi dans une heure, je t'aime. » Une heure après, on sonne à ma porte. C'était mon ex, heureux et toujours aussi amoureux de moi, avec un bouquet de roses. Je m'étais trompée de numéro, mon ex et mon copain ont le même prénom... VDM

Aujourd'hui, enfin plutôt hier soir, j'étais légèrement enrhumé, j'ai donc pris le premier mouchoir qui traînait à portée de mon ordinateur. Il avait malheureusement déjà servi à tout autre chose quelques heures plus tôt. VDM

Aujourd'hui, tout juste levée, je vais dans la salle de bains. Mon chat avait vomi dans la nuit. J'ai marché dedans, j'étais pieds nus. VDM

Aujourd'hui, ma mère fume sous la véranda, mon père dans le salon, mon grand frère dans le bureau.
Je suis non fumeur. Je vais où ? VDM

Aujourd'hui, ou plutôt cette nuit, j'ai vomi dans la salle de bains sur le carrelage que mon père est en train de refaire depuis hier. Il n'avait pas encore fait les joints. VDM

Aujourd'hui, je sors avec mon nouveau copain depuis 8 jours. Ça fait 3 mois que je suis amoureuse de lui. Je minaude et je ris très fort à ses blagues pour lui montrer qu'il est drôle. Je ris tellement fort que je pète. VDM

Aujourd'hui, j'ai passé mon code de la route, et au bout de la 34e question, je me rends compte que j'ai tout décalé d'une question. VDM

Aujourd'hui, je sors une cigarette de mon paquet, je la mets à la bouche, elle tombe dans une flaque, je ressors le paquet à l'envers… et elles tombent toutes dans l'eau. VDM

Aujourd'hui, je me suis réveillée auprès de mon petit copain. J'ai voulu l'embrasser, et au même moment, il a tourné la tête un peu violemment. Nos dents se sont entrechoquées, l'une d'entre elles s'est cassée en deux, et j'ai l'air d'une sorcière. Demain, c'est férié, y a pas de dentiste d'ouvert. VDM

Aujourd'hui, je suis malade. Mon médecin m'a prescrit des antibiotiques qui m'interdisent de me mettre au soleil. Demain, je pars en vacances sur une île gorgée de soleil... 2 ans que je n'ai pas pris de vacances ! VDM

Aujourd'hui, un pote a pris l'ascenseur avec une fille magnifique. Elle va au 6e, lui au 7e, ils ne sont que tous les deux. Elle descend au 6e. L'ascenseur tombe en panne entre le 6 et le 7. Il est resté bloqué une heure. VDM pour lui.

Aujourd'hui, j'avais tellement envie de faire pipi que mon amie s'est arrêtée sur un parking. Je me suis accroupie entre deux voitures, mais le problème c'est que l'une des deux a démarré, et là, pleins feux sur moi, dans la voiture cinq mecs m'observaient. VDM

Aujourd'hui, j'ai jeté les clés de ma voiture avec les restes de mon plateau McDo. Quand je m'en suis rendu compte une heure après, ils avaient déjà compressé les poubelles. J'ai pris le bus… Deux fois. VDM

Aujourd'hui, enfin ce soir, on organise une soirée raclette. On fait les courses, on dégotte des filles, on rameute plein de potes. L'appareil à raclette marche pas. On est douze et on a faim. VDM

Aujourd'hui, en ce moment même, mon frère de 10 ans me récite ses quinze poèmes parce qu'il est champion de poème de son école…
Il ne veut pas s'arrêter. VDM

Aujourd'hui, il me restait 60 centimes dans mon portefeuille, je décide de m'acheter une soupe à la cafét'. J'attends, et je la vois qui coule... Sans gobelet en dessous. VDM

Aujourd'hui, à 6 h 10 pour être précis, mon réveil sonne. Je tends mon bras en un éclair pour l'éteindre et ne pas réveiller ma compagne qui est en congé maternité. J'étais tourné du mauvais côté et je lui ai balancé une fantastique mandale en plein dans l'œil droit. Ça l'a réveillée, donc. VDM

Aujourd'hui, j'ai fait un don de sperme à l'hôpital. L'infirmière qui était là pour m'aider était ma cousine. VDM

Aujourd'hui, en jetant ma cigarette par la fenêtre de la voiture, le vent l'a renvoyée à l'intérieur. Je me suis brûlé tout le pantalon. VDM

Aujourd'hui, un pote me fait des poires au sirop avec du chocolat chaud fondu dessus. En voulant boire le jus de la poire, je penche l'assiette vers ma bouche, la poire glisse et vient me toucher le nez avec le chocolat brûlant. Résultat : un point rouge de la taille d'un confetti sur le pif. VDM

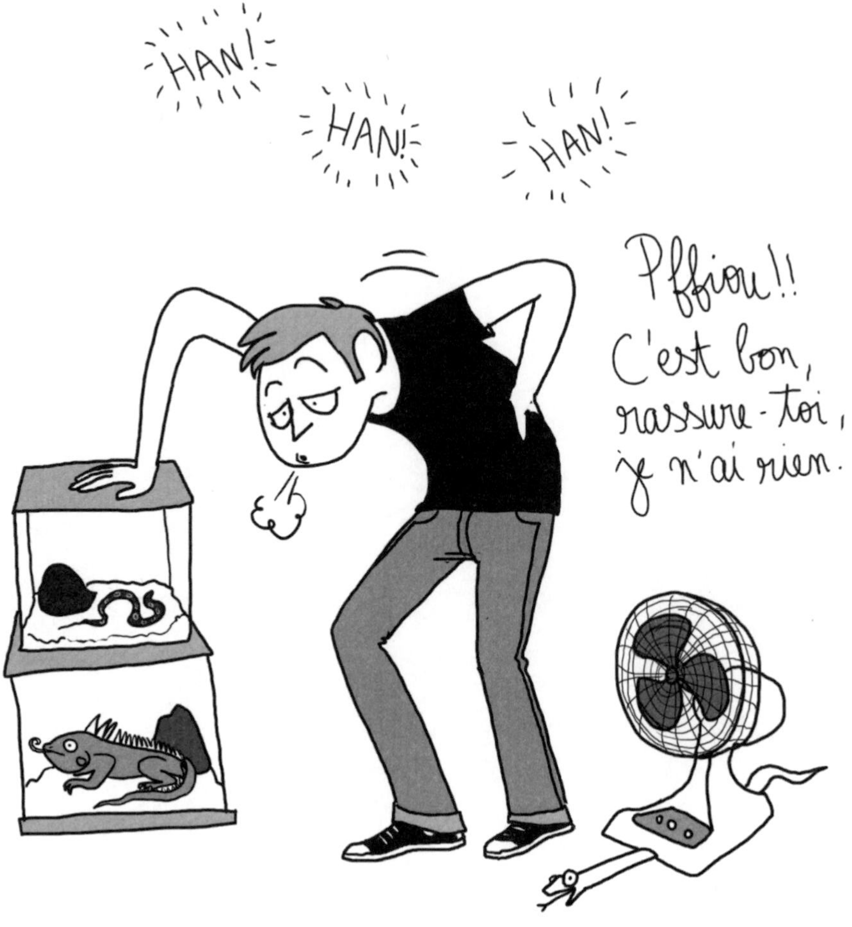
HAN!
HAN!
HAN!
Pffiou !! C'est bon, rassure-toi, je n'ai rien.

Aujourd'hui je vais voir mon meilleur pote dans son magasin de reptiles. Pendant qu'il nettoie des vivariums, je vais dans la remise où je vois un serpent par terre qui s'avance vers moi. Je crie et je lui jette un truc dessus. Il est mort, il était inoffensif, et il coûtait 3 000 euros. VDM

Aujourd'hui, enfin il y a quelque temps, je vais au resto avec un ami et deux filles du boulot. Au moment de payer au comptoir, je sors mon billet, et paf, deux préservatifs tombent de mon portefeuille. Je m'empresse de mettre mon pied dessus pour les cacher. Trop tard, ma réputation est faite. VDM

Aujourd'hui, j'ai des choses à déménager de mon appart'. Plein. Et je suis seul pour le faire. Prévoyant, j'ouvre la porte d'entrée et mets les clés dessus, prêtes à fermer. Je me charge, je passe et claque la porte avec le pied. J'ai mis les clés du mauvais côté. VDM

Aujourd'hui, j'ai enfin reçu les résultats de mon concours. Je suis 61e sur 280... Dommage, ils n'en prennent que 60. VDM

Aujourd'hui, mon tout premier stage d'externe en médecine, mon tout premier patient de toute ma vie, il est mort alors que j'étais en train de lui faire une prise de sang. VDM

Aujourd'hui, je m'embrouille avec l'opératrice de SFR, car j'ai bloqué mon portable au bout de trois faux codes PIN. Au bout de 30 minutes, je raccroche, énervé. Mon père a le même portable que moi. Je viens de le lui bloquer. VDM

Aujourd'hui, j'ai passé l'oral du concours d'entrée de l'école que je convoite depuis des mois. À la lecture de mon dossier, une jurée me dit avoir habité dans la même résidence lors de ses études. Je réponds alors spontanément que j'ignorais que le bâtiment était aussi vieux. J'ai été recalée. VDM

Aujourd'hui, je pars bosser à 300 bornes de chez moi. Je ne trouve pas l'adresse de mon client, je décide de l'appeler. J'ai pris le sans-fil de ma maison à la place de mon portable. VDM

Aujourd'hui, petite soirée entre potes. L'un d'eux me demande si je me souviens de mon prof de sport de 5e (qui avait régulièrement des érections). Je réponds avec le smile : « Ah ouais, celui qui bandait dans son short ?! » Mon pote répond : « Ouais, ben je te présente son fils… » VDM

Aujourd'hui, après que mon petit frère a gratté la case « Nul Si Découvert » de mon ticket de Morpion, j'ai compris que je ne toucherais jamais ces 200 euros. VDM

Aujourd'hui, le téléphone me réveille. C'est la sonnerie de ma meilleure amie, donc au lieu de dire « allô », je me mets à crier : « Ça va pas de réveiller les gens le matin ? » On me raccroche au nez. En fait, c'était la manager du restaurant où mon amie travaille et où je viens redemander à bosser. VDM

Aujourd'hui, j'ai deux meilleurs amis. L'un est dingue de moi, moi je suis dingue de l'autre. VDM

Aujourd'hui, je décide d'offrir une nuit d'amour à mon chéri. Je le rencarde dans un hôtel très classe, lui communique le numéro de la chambre et l'attends dans une tenue hyper sexy. On frappe à la porte, j'ouvre, aguicheuse et persuadée que c'était lui. C'était le room-service. VDM

Aujourd'hui, j'ai acheté un vinyle à la Fnac. Je suis ensuite allé à Carrefour, mais j'avais obligation d'agrafer le sachet avant de rentrer. La dame qui s'occupe de ça m'a donc agrafé mon sachet… et le vinyle avec. J'avais pris le dernier exemplaire. VDM

Aujourd'hui, je faisais l'amour avec ma copine, et mon téléphone fixe a sonné. Naturellement, j'ai laissé sonner. Au moment précis où j'atteignais le nirvana, j'entends la voix de ma mère qui me dit : « Bonjour mon chéri. » VDM

Aujourd'hui, je me suis fait contrôler dans le métro, pas de ticket. Le contrôleur, avec ma p'tite bouille, commence à gober mon histoire : « J'avais pas de pièces pour le distributeur. » Je sors mon portefeuille pour chercher ma carte d'identité, et là, toutes mes pièces d'un euro tombent. VDM

Aujourd'hui, j'ai mon entretien de sélection en master 2. Je suis en costard, et il pleut des cordes, mais j'ai mon parapluie. À 3 mètres de la porte, je marche sur une dalle mal fixée avec plein d'eau dessous et je me retrouve couvert de boue jusqu'au ventre. VDM

Aujourd'hui, dans un couloir de la fac, pour faire rire des potes, je simulais un rodéo sexuel avec une prof en criant son nom. Elle est passée derrière moi en me donnant ma date de passage à l'oral. Elle fait partie du jury de ma soutenance. VDM

Aujourd'hui, enfin plutôt hier soir, on sort en boîte avec des potes ; je croise un gars que j'avais pas vu depuis des lustres. Soudain, il se retourne sur une nana, et me sort cash : « Tiiin, c'te meuf, elle est trop bonne au pieu. » C'était ma copine… VDM

Aujourd'hui, quand je rentrais chez moi, mon frère m'appelle pour me dire qu'il y avait les flics à l'entrée de mon village. Effectivement, ils étaient là. J'ai perdu 2 points pour avoir téléphoné en conduisant. VDM

Aujourd'hui, après une soirée bien arrosée, je me suis endormi dans le RER. J'ai appris qu'ils ne vérifient pas les wagons avant d'aller au dépôt, que dans le dépôt les portes sont fermées, et que les fenêtres sont très étroites et trop hautes. VDM

Aujourd'hui, j'ai passé une coloscopie (visite de mon moi intérieur en passant par l'endroit fait plutôt pour expulser). Je me réveille à côté d'une bombe, j'entame la conversation. Visiblement, le doc m'avait pas parlé des effets secondaires. J'ai pété pendant une heure. VDM

Aujourd'hui, au petit déj', après plusieurs bonnes tranches de pain d'épice qui me semblaient un peu bizarres, j'inspecte une dernière tranche de plus près. J'y découvre une colonie de petites bêtes noires et blanches, qui se baladent maintenant dans mon estomac. VDM

Aujourd'hui, ma copine et moi-même faisions l'amour. Je lui saisissais les fesses, lorsque j'ai joyeusement trouvé des restes de papier toilette. C'est ce qu'on appelle un tue-l'amour. VDM

Aujourd'hui, pour me réveiller, je me suis servi un grand verre de jus d'orange que j'ai bu tout d'une traite. Manque de bol, il restait dans mon verre la moitié de rosé que j'avais laissé la veille au soir. VDM

Aujourd'hui, l'agrafe de ma thèse de 203 pages, à présenter dans l'heure qui suivait, s'est détachée sans prévenir. Il a fallu un coup de vent pour que je m'en rende compte. VDM

Aujourd'hui, je passe devant l'église de mon quartier en voiture. Des piétons se jettent presque sous ma voiture, alors j'ouvre la fenêtre et leur dit en plaisantant : « Y a failli y avoir des morts. » Une piétonne éclate en sanglots. Ils allaient à un enterrement. VDM

Aujourd'hui, je pars en week-end prolongé à Barcelone. Voilà des mois que je fantasme sur ces quatre jours au soleil, en amoureux, loin de la grisaille parisienne. Résultat : la météo annonce de la pluie en continu et 12 degrés de moyenne. Et pendant ce temps, à Paris : 28 degrés. VDM

Aujourd'hui, je me paie enfin le pull dont je rêvais depuis des mois. En sortant de la boutique, je passe devant chez ma cousine. Je me souviens que c'est son anniversaire, je passe le lui souhaiter. Sans faire gaffe, je pose mon sac sur la table. Elle me remercie pour ce superbe cadeau. VDM

Aujourd'hui, un ami m'appelle pour me dire que l'une de ses copines a plutôt craqué sur moi et me demande si je suis intéressé. Je réponds tout de suite : « Ah ah ah ! Ce thon ? Plutôt crever ! » Il avait mis le haut-parleur, elle était à côté de lui. VDM

Aujourd'hui, je montre à ma classe une affiche dans leur livre d'histoire. Comme d'habitude, beaucoup d'élèves n'ont pas de livre, et je décris donc l'image : « Au centre, il y a Marianne, et autour, des paysans qui labourent. » Fou rire général… J'ai mis du temps à comprendre que « labourent » peut être séparé. VDM

Aujourd'hui, grand soleil sur la ville. Je sors sur la terrasse, histoire de bronzer un peu. C'est alors que je m'aperçois que ma logeuse a eu la même idée, sauf qu'elle est à poil et qu'elle a 65 ans. VDM

Aujourd'hui, je suis allée à une exposition. Il y avait un buffet, et pas loin, une table avec des bonbons piqués avec des cure-dents sur un socle. J'en ai mangé un, tiens bizarre, il est un peu dur, mais bon. J'ai réalisé après que ça faisait partie de l'expo, et qu'il était enrobé de colle. VDM

Aujourd'hui, j'étais dans le train à côté d'un vieux gars qui lisait son journal. Soudain, il a éternué, sans mettre ses mains. Au lieu de se tourner côté fenêtre, il s'est tourné vers moi. J'adore avoir des glaires et de la bave sur moi pour aller bosser. VDM

173

Aujourd'hui, j'aurais dû faire mon premier concert devant une salle pleine à craquer. Juste avant de monter sur scène, mes musiciens décident de se rouler un joint à l'extérieur. Une bagnole de flics passe devant et les embarque tous. Je me retrouve seul dans l'incapacité de chanter. VDM

Aujourd'hui, je vais manger pour la première fois chez ma copine. Ses parents sont très gentils, la soirée se passe très bien. Au moment d'embrasser les parents, je glisse sur le tapis et tente de me raccrocher à quelque chose. Résultat : belle-maman aux seins nus et un gros coup sur la conscience. VDM

Aujourd'hui, je voulais me faire plaisir tout seul en regardant la télé dans le salon. Je commence ma petite affaire lorsque j'entends : «Tu sais, tu as une chambre pour faire ça…» Ma mère faisait ses mots croisés sur la table dans la pièce juste à côté. VDM

Aujourd'hui, je rentrais des courses avec plein de paquets dans les mains. J'ouvre donc la porte du hall d'entrée avec le dos. Ce n'est qu'une fois à l'intérieur que j'ai vu la pancarte : «Peinture fraîche»… Cela dit, le vert me va très bien. VDM

Aujourd'hui, j'ai un rendez-vous téléphonique très important avec un boss de ma boîte. Malgré le stress énorme, l'entretien se passe nickel. À la fin, le boss me remercie et me salue. Trop de soulagement, je lâche machinalement en raccrochant : « Salot… » À une lettre près, j'ai failli avoir une carrière. VDM

Aujourd'hui, je suis allé à la pêche, et ça a bien mordu. Belle journée, beau soleil. Le jour où une chaîne locale avait décidé de tourner un reportage sur la nature. Je passe très bien à l'écran d'après mon patron. Ma bière aussi. Dommage, j'étais en arrêt maladie… VDM

Aujourd'hui, j'étais à une énorme soirée sur la plage, en Thaïlande. J'embrassais une fille splendide et je décide d'aller plus loin avec elle. En passant ma main sous sa jupe, je sens quelque chose d'anormal. Je la regarde, et elle me répond : « What, you prefer ladies ? » VDM

Aujourd'hui, j'ai gagné une semaine de vacances au Grand-Bornand à un concours. Je pense qu'ils voulaient me faire plaisir. Ce qu'ils ne savent pas, c'est que j'habite au Grand-Bornand. VDM

Aujourd'hui, j'ai mangé un cookie préparé par ma mère sur mon bureau, tellement délicieux que j'ai voulu manger les miettes tombées sur la table. Une des miettes n'a pas croustillé de la même manière que les autres. J'ai recraché ; c'était une mouche morte. VDM

Aujourd'hui, mon chat a fait pipi sur le toit de ma voiture. Ça a dégouliné dans tout le système de ventilation. Dès que je démarre, la ventilation se met en marche et… c'est une attaque chimique. VDM

Aujourd'hui, j'avais rendez-vous chez mon orthodontiste. Pour me venger des longues et douloureuses heures qu'il m'a fait subir, j'ai mangé un sandwich au thon juste avant le rendez-vous. Résultat, c'est la nouvelle stagiaire super canon qui s'est occupée de moi cette fois-ci. VDM

Aujourd'hui, une vache a décidé de mettre fin à ses jours. Malheureusement, elle a choisi mon train pour rejoindre le paradis des vaches. Résultat : j'ai une heure de retard et j'ai loupé l'entretien d'embauche le plus important de ma carrière... VDM

Aujourd'hui, c'était l'enterrement d'un ami de la famille, Louis, qui s'est noyé. On suit le corbillard, tous tristes. On s'arrête pour laisser passer une camionnette « Louis, le pro de l'étanchéité ». J'ai pas pu retenir un fou rire nerveux. Tout le monde pense que j'ai un cœur de pierre. VDM

Aujourd'hui, je marche dans la rue derrière une charmante jeune fille, quand tout à coup je me mets à courir. À ma surprise, elle aussi. Et je l'entends crier : « Au secours, à l'aide ! » Puis elle arrête une voiture. Je voulais juste rattraper le bus. VDM

Aujourd'hui, je reçois un message de mon répondeur : c'est mon futur employeur qui me propose de venir signer mon contrat le lendemain de mon jour d'essai. Qui a eu lieu il y a trois semaines. VDM

Aujourd'hui, je suis rentré bourré. Pour ne pas réveiller ma copine qui dormait profondément, je me suis déshabillé dans le noir et j'ai voulu sauter par-dessus ma copine (ayant l'habitude de dormir de l'autre côté du lit)… En mon absence, elle avait pris ma place, et je lui suis tombé dessus. VDM

Aujourd'hui, ou plutôt il y a quelques mois, j'ai changé de numéro de portable pour faire le tri et avoir la paix. L'opérateur m'a donné l'ancien numéro de Jean-Charles, homosexuel inscrit à tous les sites de rencontres par SMS. Depuis, tous les jours, j'ai droit à mon texto Aujourd'hui encore. VDM

Aujourd'hui, en sortant du boulot, je retrouve ma voiture rayée, les pneus crevés, le pare-brise cassé et un bout de papier jeté sur le siège éventré du conducteur : « Pour ce que tu as fait à Juliette, salaud. » Je ne connais pas de Juliette. VDM

Aujourd'hui, réunion super importante avec un grand chef de la boîte. Il me demande mon avis, je réponds (brillamment), me tourne vers mon supérieur (qui s'appelle Thierry) et lui demande : « Qu'en penses-tu, Cherry ? » Ma langue a fourché, mais ça y est, les rumeurs vont bon train. VDM

Aujourd'hui, je suis en retard au lycée, et très timide. C'est pourquoi je frappe à la porte de ma salle de classe, marmonne un bref « bonjour » et file m'asseoir à ma place, tête basse. Je sors mes affaires et me rends compte du silence de plomb qui règne dans la classe. Mauvaise salle. VDM

Aujourd'hui, c'est mon anniversaire. Je reçois le paquet de ma copine et lâche pour rigoler : « J'espère que c'est pas une cravate ! » C'était une cravate. VDM

Aujourd'hui, je suis allé m'acheter un lecteur MP3. Le soir, j'écoute ma musique, heureux dans mon lit, en mangeant un bol de céréales dans du lait. Plus tard, je pose mon bol sur la table de chevet puis ferme les yeux avant de déposer mon lecteur MP3… dans le lait. VDM

Aujourd'hui, à la toute fin de mon exam' de gestion, ma copie glisse de la table et arrive à passer entre le plancher et la cloison de l'amphi, tombant dans le comble fermé et inaccessible. Aucun surveillant ne m'a cru, la direction hurle à la triche, affaire réglée, zéro. VDM

Aujourd'hui, ma copine est venue déguisée pour mon anniversaire. Ne saisissant pas trop son concept, je lui ai demandé de manière amusée de me l'expliquer. Elle est partie en pleurant… S'agissait-il vraiment d'un déguisement ? VDM

Aujourd'hui, je prends le métro comme tous les matins. Je m'assieds face à cette fille que je trouve super jolie depuis des mois, quand une odeur horrible s'empare de la rame. En me levant, la fille regarde mon jean, je m'étais assis dans du vomi en attendant mon métro. VDM

Aujourd'hui, je décide ENFIN de me faire le maillot. Je me badigeonne de crème dépilatoire, j'attends 15 minutes puis je file sous la douche pour enlever la crème. Une fois nue, sous la poire de douche, la spatule à la main, je me rends compte que l'eau est coupée. VDM

Aujourd'hui, un ouvrier du chantier à côté de notre cantine a eu une envie pressante. Ne pensant pas aux vitres teintées pour l'extérieur, il baisse son pantalon et se soulage contre la cantine. C'est l'heure de pointe, il y a 350 personnes en fou rire et qu'il ne voit pas! Pour lui, VDM

Aujourd'hui je n'avais qu'un cours, de 8 heures à 8 h 40 du matin. Tout le monde m'a dit que je pourrais profiter de ma journée. Je me voyais déjà sur le PC, la guitare… Mais j'ai oublié mes clés chez moi. Pas pu rentrer avant 16 heures. VDM

Aujourd'hui, en soirée, une jolie fille avec qui je bois un verre se met à regarder avec insistance mon entrejambe et dit en souriant : « Il y a quelque chose qui brûle là-dessous. » Je rigole avec un air malin, mais elle insiste. Une cendre de cigarette avait mis le feu à mon pantalon. VDM

Aujourd'hui, premier cours : mes jeunes élèves hurlent. Désemparée, je crie : « Vous allez cesser de faire les gorets ?! » À mon grand étonnement, silence général et têtes hébétées. Le plus téméraire : « C'est quoi un goret ? » Moi : « Un petit cochon. » Tout le monde a ri, sauf le petit B... Gorez ! VDM

Aujourd'hui, en sortant du cinéma, j'entends ma sœur ricaner derrière moi. Je me retourne, les gens qui se pressent derrière nous ont les yeux rivés sur mes fesses. J'avais la sangle d'un pack d'eau scotchée sur le cul, avec marqué « ouverture facile ». VDM

Aujourd'hui, joyeuse, je pars travailler. Sur le trottoir, une énorme crotte de chien. Guillerette, je saute par-dessus. À la réception, je glisse dans une seconde crotte de chien et me retrouve les fesses par terre, bien assise sur la première crotte si soigneusement évitée. VDM

Aujourd'hui, premier repas avec mes beaux-parents. Sur le chemin de l'aller, j'écrase un lapin. Arrivé sur place, fier de moi, j'exhibe mon trophée. Mes beaux-parents partent en larmes : c'était « Coquin », leur lapin, qui s'était sauvé. VDM

Aujourd'hui

VDM

Aujourd'hui

VDM

Aujourd'hui

VDM

Aujourd'hui

VDM

AU FOND DU TROU

Il y a quand même des cas troublants de victimes du quotidien. On peut en rire, mais on peut aussi leur porter un regard compréhensif... puis en rire. La bonne nouvelle, c'est qu'ils parviennent en une phrase à se mettre à nu en évitant de dépenser des milliers d'euros chez un psy. On se demande quand même s'il faut les relever avec de la compassion ou un bon coup de pied au cul. Un peu de tendresse suffira, parce qu'on aime bien leur drôle de franchise.

Aujourd'hui, le seul à m'avoir souhaité un bon anniversaire est Prizee.com. VDM

Aujourd'hui, je commence ma 28e année avec 28 centimes d'euros sur mon compte en banque. VDM

Aujourd'hui, j'ai tenté de draguer deux filles en leur demandant l'heure. Elles ont éclaté de rire. VDM

Aujourd'hui, j'ai fait une baston de regards dans le bus avec une gamine de 4 ans dans une poussette. J'ai perdu. VDM

Aujourd'hui, partiel. L'examen était recto-VERSO. VDM

Aujourd'hui, j'ai gagné au loto, mais c'était une rediffusion. VDM

Aujourd'hui, ça fait exactement 3 mois que je suis en tempo sur une meuf, qui connaît mes sentiments, qui m'aime aussi, c'est certain, mais qui a peur de s'engager et qui par-dessus le marché m'a dit que je lui manquais… J'attendrai encore, parce que je suis amoureux et un peu con. VDM

Aujourd'hui, je me suis levé à 8 heures et n'ai pas pris ma douche pour être sûr d'entendre le facteur. Il n'est jamais venu. Je pue. VDM

Aujourd'hui, j'ai tellement chié que j'ai l'impression que ma bouche est passée par mon trou du cul. VDM

Aujourd'hui, ma copine m'a dit : Je t'aime… mais je te quitte. » VDM

Aujourd'hui, j'ai appris que, selon la légende du Nouvel An chinois, la première semaine définit la tournure de l'année. Justement, lundi, j'ai rendez-vous chez le psychiatre. VDM

Aujourd'hui, j'ai envoyé un mail à un mec pour lui dire que je l'aimais en secret et qu'il est le seul homme que j'aie aimé depuis 2 ans. En guise de réponse, il a corrigé mes fautes d'orthographe (quatre fautes sur deux pages). VDM

Aujourd'hui, je me suis mis le doigt dans l'oeil, et depuis j'ai bien mal. VDM

Aujourd'hui, je suis resté tellement longtemps devant mon ordi les jambes croisées que, lorsque le téléphone a sonné et que j'ai voulu vite répondre, je me suis foulé la cheville à cause des fourmis que j'avais dans les jambes. VDM

Aujourd'hui, mon mec m'a enfin annoncé qu'il quittait sa copine ! Mais pas pour moi. VDM

Aujourd'hui, en sortant d'une soirée mort torché, j'ai pissé sur une voiture du parking. C'était la voiture de mon père venant me rechercher, la fenêtre était ouverte et il dormait en m'attendant. Ça l'a réveillé. VDM

Aujourd'hui, on a braqué mon bureau de tabac pendant que j'étais en train de me masturber dans la réserve. VDM

Aujourd'hui, je me suis rendu compte que depuis que j'ai enlevé ma photo sur Meetic, j'ai plus de filles qui visitent mon profil. VDM

Aujourd'hui j'ai trouvé des sites pornos gay dans l'historique d'Internet Explorer. Je vis seul avec mon père. VDM

Aujourd'hui, je décide de déclarer ma flamme à une copine dont je suis amoureux depuis des mois. Elle me répond : « Tu es le mec le plus drôle que je connaisse. Mais tu es aussi le plus moche. » Elle a rigolé et elle s'est empressée de le raconter à tout le monde. VDM

Aujourd'hui, j'ai su qui était l'expéditeur de la rose anonyme que j'avais reçue pour la Saint-Valentin… ma meilleure amie, qui savait pas à qui en envoyer. VDM

Aujourd'hui, j'ai reçu ma copine par la poste. Il me reste plus qu'à la gonfler ! VDM

Aujourd'hui, beau temps, balade en moto. J'ai éternué dans le casque. Intégral, le casque, je précise. VDM

Aujourd'hui, je me suis réveillé après avoir fait un rêve érotique avec des manchots empereurs. VDM

Aujourd'hui, j'ai repris l'école après 3 semaines d'absence. J'ai dit bonjour à une camarade de promo, et celle-ci m'a rétorqué : « Salut, t'es qui ? » VDM

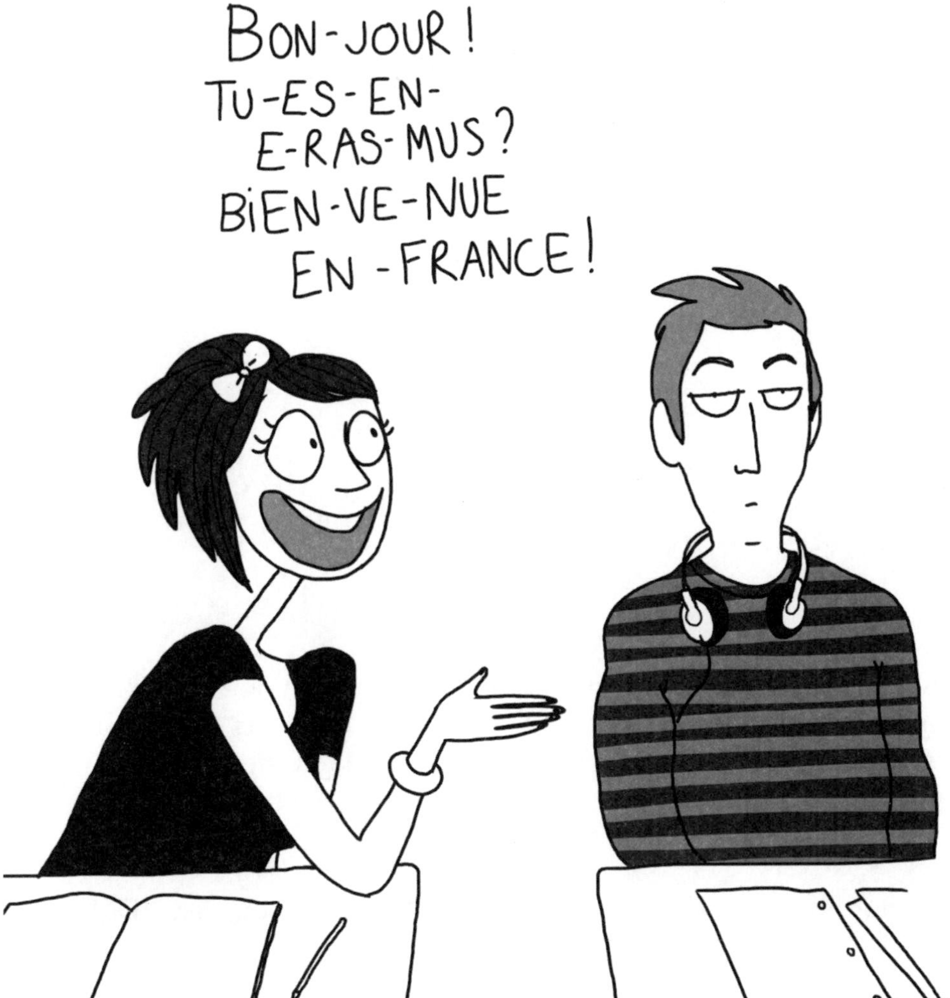
BON-JOUR! TU-ES-EN-E-RAS-MUS? BIEN-VE-NUE EN-FRANCE!

Aujourd'hui, je réalise que ça va bientôt faire un an que je suis avec mon copain. Sa famille m'appelle ENCORE par le prénom de son ex. VDM

Aujourd'hui, en forêt, mon pied bute sur du métal à moitié enfoui. Je gratte la terre et récupère une belle boîte, assez lourde pour ne pas sembler vide. Je me vois déjà avec des louis d'or. C'est un cadavre de chat. VDM

Aujourd'hui, ma copine m'appelle. Ça fait un an que l'on sort ensemble, elle est bourrée, fait la fête avec tous ses potes et me dit en rigolant que je lui sers à rien et qu'elle me quitte. VDM

Aujourd'hui, en me masturbant, je me suis mis à chialer. VDM

Aujourd'hui, on m'a appelée « monsieur » dans la rue. Pour une fois que je portais une jupe... VDM

Aujourd'hui, ça fait 2 ans que je sors avec ma copine. Elle s'est inscrite sur Facebook et m'a ajouté dans ses contacts. Sur sa fiche apparaissait : « looking for a relationship ». VDM

Aujourd'hui, enfin demain, ça va faire 7 mois que je me suis pas fait un seul ami dans ma classe de terminale et que je mange seul au réfectoire tous les midis. VDM

Aujourd'hui, j'ai appris que l'un de mes élèves de 16 ans était en fait le fils d'un de mes anciens élèves. J'ai pris un sacré coup de vieux. VDM

Aujourd'hui, j'ai super faim, alors je fais cuire tout ce qui me reste à manger : 100 grammes de pâtes. Je vais dans ma chambre, prêt à déguster mon pauvre plat, quand je trébuche sur le câble du téléphone et renverse tout sur la moquette. VDM

Aujourd'hui, je vais relire le journal intime de ma copine, car il y a trois jours, elle a écrit qu'elle ne m'aimait pas mais qu'elle voulait sortir avec moi juste parce qu'elle ne voulait plus être vierge, que j'étais « gentil » et donc que je « ferai l'affaire ». Moi par contre, je l'aime vraiment. VDM

Aujourd'hui, je me suis rendu compte que toutes les ex de mon mec sont vraiment plus belles que moi, mais vraiment. VDM

Aujourd'hui, j'ai vu un type rencontrer et séduire en 20 minutes la fille que je drague depuis 2 mois. VDM

Aujourd'hui, mon opérateur mobile m'a informé que j'avais douze messages en attente sur ma messagerie vocale. Heureuse d'avoir des amis, j'ai écouté, le sourire aux lèvres. Tous les messages étaient de ma mère. VDM

Aujourd'hui, mon meilleur pote me montre ses photos du Nouvel An. Des filles à gogo, de l'alcool à volonté et tous mes autres potes. Ils ont pas encore percuté qu'ils ne m'ont pas invité. 7 ans qu'on se connaît. VDM

Aujourd'hui, je viens de me rendre compte que la femme que j'aime depuis bientôt 2 ans m'a menti sur son identité. Faux nom, faux prénom, fausse adresse. L'amour rend aveugle et bête. VDM

Aujourd'hui, j'arrive au boulot comme tous les matins vers 9 heures, et là, je croise un prof qui me dit : « Vous êtes en retard, donnez-moi votre nom que je vous colle. » J'ai 23 ans, je suis responsable du réseau informatique depuis 2 mois. VDM

Aujourd'hui, je n'ose pas aborder une fille dans le métro. J'arrive à ma station, elle me fait un grand sourire alors que je sors de la rame. Le métro part, me laissant sur le quai comme un con. VDM

Aujourd'hui, j'ai découvert du Viagra dans le sac de ma copine. Elle voulait me faire un cadeau. VDM

Aujourd'hui, ma copine m'a offert le bouquin *Le Sexe pour les nuls*. VDM

Aujourd'hui, une fille pas mal me drague dans le métro, c'est la première fois de ma vie que ça m'arrive. Moi, tout gêné, j'essaye d'assurer au mieux la conversation, en me concentrant sur tout ce que je dis. Lorsque le métro arrive à la bonne station, je pars sans lui demander son numéro. VDM

Aujourd'hui, on était dans le bois de Vincennes, 22 heures, à boire une canette. Trois policiers ont débarqué et m'ont demandé de rester à l'écart – je n'ai pas bien compris. Ils n'ont contrôlé que ma femme et l'ont finalement emmenée au poste en me plantant là. Les flics ont pris ma femme pour une pute. VDM

Aujourd'hui, très tôt ce matin, j'ai surpris mon copain en train de faire son sac dans le noir. Il essayait de s'enfuir de chez moi pendant mon sommeil… VDM

Aujourd'hui, je descends pour fumer ma cigarette et je me mets à l'abri près du cendrier pour ne pas me prendre la pluie. Une énorme bourrasque de vent arrive, et j'ai pris les 150 cigarettes dans la tête avec toute la cendre en accompagnement. VDM

Aujourd'hui, je me réveille suite à un cauchemar où je rêvais que ma femme me trompait devant moi avec un pote. Je me réveille angoissé, je me tourne vers elle pour me rassurer… avant de me souvenir qu'elle m'a quitté depuis 2 semaines. VDM

Aujourd'hui, comme depuis ma naissance d'ailleurs, mon prénom est Childéric. VDM

Hier soir, dans un bar, je paye un verre à une fille, et puis plusieurs, mais rien. Et vu que rien, bah, je pars. Et j'apprends qu'après mon départ elle a fait un strip. VDM

Aujourd'hui, le type sur qui je fantasme depuis 2 ans me drague enfin et s'invite dans ma chambre. Moi je suis célibataire depuis des mois, et donc pas épilée. Je l'ai repoussé gentiment l'air de dire « on reste amis », et il a dormi dans le salon. VDM

Aujourd'hui, ou plutôt hier soir, avec un pote, on s'était mis d'accord sur le fait que je sortirais avec une fille sur qui j'étais depuis 5 mois. Dans la soirée, alors que je la drague, il se ramène, la prend dans ses bras et lui roule une grosse pelle… Elle m'a dit qu'il baisait comme un dieu. VDM

Aujourd'hui, mon prof de maths m'a demandé comment je m'appelais, et si j'étais nouveau. Mais non, non, ça fait bien 6 mois que je suis en cours. VDM

Aujourd'hui, je viens de me rendre compte que depuis le début de l'année, dans ma classe, on m'appelait ET… et à chaque fois que quelqu'un criait E.T., je rigolais comme un con. VDM

Aujourd'hui, je sors d'un magasin et je croise un couple qui se dirige vers l'entrée. J'entends le mec dire à sa copine « pourquoi tu m'emmènes ici ?! Tu veux que je m'habille avec de la merde comme lui ?! », en me désignant du doigt. Elle lui répond : « Non, pas jusque-là ! » VDM

Aujourd'hui, c'est mon anniversaire. Au bahut, la plus belle fille de ma classe, qui me plaît énormément, est venue me le souhaiter en lançant, tout sourire : « Joyeux anniversaire. » Je n'ai rien trouvé de mieux à répondre que « toi aussi… » en bafouillant. J'avais l'air con. VDM

Aujourd'hui, j'ai vomi en poussant trop loin ma brosse à dents derrière les molaires. La journée commence bien. VDM

Aujourd'hui, j'ai passé la journée à me faire des faux amis sur Myspace. VDM

Aujourd'hui, comme depuis 20 ans, ma grand-mère, qui ne souffre d'aucun problème de mémoire, ne se rappelle pas mon prénom… C'est pas grave, mamie… VDM

Aujourd'hui, lendemain de soirée arrosée où je me souviens être rentré en bonne compagnie. Au réveil, la fille n'est plus là, et mon ordinateur portable non plus. Elle m'a laissé un mot : « Merci pour tout. » VDM

Aujourd'hui, coup de déprime, je commence à m'inscrire sur Meetic, je suis motivé, prêt à m'ouvrir. J'arrive au choix de mes activités, je coche… je coche… et je coche. Ma liste était : télé, informatique, Internet. VDM

Aujourd'hui, j'ai demandé à mon ex, avec qui j'ai passé 3 ans, comment se passe sa première semaine de célibat. Elle m'a répondu qu'elle n'était pas célibataire. VDM

Aujourd'hui, mes parents m'ont fait chercher les œufs de Pâques dans le jardin. J'ai 17 ans. VDM

Aujourd'hui, c'est mon anniversaire. Ma chérie m'annonce qu'elle a un truc à me dire. Je m'attendais à un « joyeux anniversaire » ou quelque chose dans le style… Eh ben non, c'était « je t'ai trompé ». VDM

Aujourd'hui, j'ai voulu manger un Mars en envoyant des textos. J'ai croqué dans mon portable. VDM

Aujourd'hui, enfin ce soir, j'ai voulu m'épiler les sourcils toute seule, sans mes lunettes. Conclusion : un énorme trou dans mon sourcil gauche. Je ressemble à Sami Naceri, maintenant. Ça repousse vite un sourcil ? VDM

Aujourd'hui, je me suis rendu compte que j'avais des préservatifs périmés. Je ne savais pas qu'on pouvait en arriver à dépasser la date de péremption de ces choses-là, ça en dit long sur mon activité sexuelle. VDM

Aujourd'hui, enfin il y a quelques années, ma copine me larguait par téléphone. 10 minutes plus tard, je recevais un SMS d'elle : « C'est bon je l'ai jeté, il a rien compris, ce boulet. On se voit ce soir ? » VDM

Aujourd'hui, je regrette d'avoir proposé à mon ex de rester vivre dans mon appart' le temps qu'elle trouve quelque part où se loger. J'aurais jamais pensé qu'elle ferait défiler autant de mecs dans son lit. Le pire, c'est qu'il y a des amis à moi dans le lot. VDM

Ma femme m'a avoué aujourd'hui qu'elle n'avait jamais eu d'orgasme avec moi... Cela fait juste 17 ans que nous sommes mariés. VDM

Aujourd'hui, mon copain m'a annoncé qu'il rentrait dans les ordres (prêtre). J'ai 26 ans, ça faisait 4 ans qu'on était ensemble. VDM

Aujourd'hui, je passe à la boulangerie, et la boulangère me dit qu'elle a vu ma copine dans les bras de son frère. Elle a pas de frère. VDM

Aujourd'hui, il pleut. Pour une fois, je n'ai pas oublié mon parapluie à la maison. Je l'ai oublié dans le métro. VDM

Aujourd'hui, je me suis souvenu que, le jour de mon bac de philo, j'étais si stressé que j'ai eu la diarrhée au bout de 2 minutes. Conscient d'empuantir la classe, je demande au surveillant d'aller aux W-C. Il me répond : « Pas de sortie la première heure. » Je révèle alors devant tout le monde que je me suis chié dessus. Il rétorque : « Pas d'exception. » VDM

Aujourd'hui, je suis allé m'acheter un paquet de cigarettes. Le buraliste m'a demandé ma carte d'identité, prétextant qu'il ne pouvait pas vendre aux moins de 16 ans. Peut-être que ça ira mieux le mois prochain. Quand j'aurai mes 21 ans. VDM

Aujourd'hui, j'ai découvert comment voir qui vous a bloqué sur MSN. Une seule personne l'a fait : ma copine. VDM

Aujourd'hui, ma cousine de 5 ans m'a demandé de monter le jouet qu'elle venait d'avoir dans son Kinder Surprise. Je n'ai pas réussi. VDM

Aujourd'hui, une copine à qui il arrive que des crasses me dit :
« C'est bien de discuter avec toi, parce que j'ai l'impression que ma
vie n'est pas si dramatique que ça. » VDM

Aujourd'hui, ma balance s'est cassée quand je suis monté dessus. VDM

Aujourd'hui, j'étais au tableau dans un amphi quand un type
de l'administration arrive et me lance : « Hé, quand ton prof sera
revenu, tu pourras lui dire de passer nous voir ? » C'est moi le prof.
VDM

Aujourd'hui, pour la première fois de ma carrière, j'ai l'occasion de
présenter mes travaux devant 150 scientifiques réunis en congrès.
J'ai répété suffisamment pour éviter les blancs. Sauf que je suis
tellement stressé que je me suis évanoui quelques secondes au
milieu de mon discours. VDM

Aujourd'hui, étudiante en école vétérinaire, mon exercice est de branler un cochon pour une insémination. J'ai 19 ans et je n'ai encore jamais « caressé » un garçon. VDM

Aujourd'hui, comme bien souvent depuis des années, ma femme discute avec sa sœur, dans leur langue maternelle, et lui dit dans les moindres détails que je suis un horrible mari. Ce qu'elle ignore, c'est que depuis les années qu'on est ensemble, j'arrive maintenant à comprendre cette langue. VDM

Aujourd'hui, une fille qui m'intéresse dans mon amphi a oublié son agenda. Je le récupère pour le lui rendre ultérieurement, et, ne pouvant m'empêcher de le feuilleter, je tombe sur le top des gros beaufs qu'elle a établi. Je suis très bien placé en compagnie de mes amis. Je pensais pourtant vraiment lui plaire. VDM

Aujourd'hui, j'ai 21 ans et je suis à la fac... Ma mère insiste toujours pour vérifier mes devoirs. VDM

Aujourd'hui, je vois une fille super mignonne dans la rue. Je me lance et ose l'aborder. Je lui explique que je la trouve jolie, elle me sourit et cherche dans son sac. Elle m'a jeté une pièce de 10 centimes. VDM

Aujourd'hui, j'ai demandé ma copine en mariage. La bijouterie me reprend la bague seulement moitié prix. VDM

Aujourd'hui, ma copine m'a dit que j'avais plus de seins qu'elle. VDM

Aujourd'hui, alors que je marchais peinard dans la rue, une jolie jeune fille vient me demander mon numéro. Surpris mais très heureux, je lui donne. Elle crie alors à sa copine un peu plus loin : « Tu vois, moi aussi j'ai le numéro d'un gros thon dans mon portable, c'est pas si grave. » VDM

Aujourd'hui, alors que je me rendais dans ma salle de lycée, la bombe de ma classe me demande ce que je fais à 2 heures. Je lui réponds que je vais sûrement aller au CDI. Le problème, c'est qu'elle parlait à son pote juste derrière moi, j'étais dans l'alignement. VDM

Aujourd'hui, mon médecin m'a annoncé que j'étais bel et bien impuissant. J'ai une copine, et on n'a pas encore couché ensemble, alors elle ne sait rien. Il va falloir que je lui dise à un moment ou un autre... VDM

Aujourd'hui, mon père rentre du boulot et me lance : « Oh, j'ai vu ton clone dans la rue, même dégaine de clodo, sauf qu'il fumait et avait l'air moins pommé que toi. » Ce clone, c'était moi. Mon père ne m'a pas reconnu. VDM

Aujourd'hui, j'ai eu la chance de faire l'amour à une demoiselle que je désire être mienne, et ce pour longtemps. Les 2 semaines passées avec elle sont inoubliables, de complicité, d'échange incroyable. Son mec rentre dans 3 jours. VDM

Aujourd'hui, on a forcé ma voiture pour la 3e fois en un an. La 1re fois, ils ont pris mon antenne radio ; la 2e fois, l'ampoule de mon plafonnier ; la 3e fois : rien, même pas un CD. En plus de portières tordues des deux côtés qui prennent l'eau, j'en déduis que j'ai des goûts musicaux de chiotte. VDM

Aujourd'hui, j'ai voulu inviter plusieurs personnes à passer une soirée chez moi demain. Toute guillerette, j'ai donc envoyé plusieurs SMS d'invitation. Une seule personne m'a répondu pour me demander qui j'étais, quand je lui ai dit, elle n'a plus répondu. Super soirée en perspective. VDM

Aujourd'hui, mon Nabaztag (lapin communicant électronique branché en Wi-Fi) m'a dit : « Tu dois vraiment être seul pour passer ta journée avec un lapin. » VDM

Aujourd'hui, j'annonce fièrement à ma diététicienne que j'ai perdu un kilo, elle note quelque chose sur son carnet et s'absente un instant. Je regarde : elle avait noté « ENFIN ! » en face de mon nom. VDM

Aujourd'hui, j'étais en train de nager dans la mer, et à cause d'une vague, mon maillot de bain s'est enlevé et a disparu je ne sais où. J'ai dû attendre que la plage soit déserte (23 heures et plus) pour pouvoir rentrer discrètement. VDM

Aujourd'hui, je m'ennuie tellement que j'ai entrepris de customiser des Barbie. J'ai teint les cheveux de la première en bleu et fait d'innombrables dreadlocks à la seconde. Le programme de l'aprèm'? Leur faire des fringues, évidemment. J'ai 23 ans, pas d'amis et je m'ennuie. VDM

Aujourd'hui, c'était mon anniversaire, et ma copine s'est ramenée 4 heures en retard avec comme excuse : « Désolée, je jouais à World of Warcraft et je t'avais complètement zappé. » En plus, elle avait oublié le cadeau. VDM

Aujourd'hui, j'ai vu mon mec pleurer pour la première fois. Ça fait 6 ans qu'on est ensemble, et comme tous les couples, on a eu des hauts et des bas : je l'ai trompé, notre fille est tombée gravement malade, et il n'a jamais pleuré. Il est triste parce que le PSG va en L2. VDM

Aujourd'hui, je reçois un appel de ma mère, qui me demande si je peux lui graver un film X pour qu'elle le regarde ce soir avec mon beau-père. VDM

Aujourd'hui, j'ai fait une chute et me suis retrouvée aux urgences, prise en charge par un doc dont je connais le nom puisque nous avons fait nos études secondaires ensemble il y a 25 ans. Je lui demande donc s'il se souvient de moi, et il répond : « Pas vraiment, vous étiez prof de quoi ? » VDM

Aujourd'hui je me suis fait virer de mon boulot. Mon patron était mon père. VDM

Aujourd'hui, ma petite sœur de 14 ans est venue me demander ce que j'avais ressenti pour ma première relation sexuelle. Je lui ai dit que c'était personnel et que ça ne la regardait pas. Elle me regarde alors et me dit : « Moi j'ai trouvé que c'était agréable ! » J'ai 19 ans et je suis toujours puceau. VDM

Aujourd'hui, je me suis rendu compte que les miroirs du bahut où de temps en temps je m'éclatais les points noirs étaient des glaces sans tain qui donnent sur un couloir pas mal fréquenté. VDM

Aujourd'hui, je me suis fait draguer par une petite vieille dans une supérette. Elle m'a demandé mon numéro de portable, avec un regard tendancieux. J'ai 33 ans, et c'est la première fois de ma vie qu'une femme vient me draguer. VDM

Aujourd'hui, je discute avec une personne à propos de mes problèmes personnels et de ma vie. Au bout de 5 minutes, ses yeux luttent pour ne pas se fermer, mais elle finit par s'endormir... Cette personne, c'est mon psy, et je lui ai lâché 55 euros pour sa sieste. VDM

Aujourd'hui, le comité de mon entreprise organisait une petite fête. Il y avait une bonne ambiance, et j'en ai profité pour me lâcher un peu. Et d'entendre mon patron dans mon dos : « Si seulement il pouvait mettre autant d'énergie au travail. » VDM

Aujourd'hui, j'ai racheté une platine DivX, l'ancienne ne fonctionnant plus. En la retirant pour installer la nouvelle, je me suis aperçu qu'elle avait un interrupteur derrière... Il était sur off. VDM

Aujourd'hui, mon collègue vient me voir en me disant qu'il sort enfin avec la nana de l'accueil. Ah, lui aussi ? VDM

Aujourd'hui, je suis allée voir mon chien, allongé sur mon lit, pour lui faire un câlin. À peine je m'approche, il se lève, va plus loin, se recouche et soupire. Je retourne m'asseoir devant mon PC, il revient à sa place. VDM

Aujourd'hui, après 2 semaines de discussion sur Internet avec une fille, on décide de se rencontrer lors d'une soirée avec plusieurs amis. J'y vais avec mon coloc'. La soirée se termine, je repars seul et mon coloc' avec la fille. VDM

Aujourd'hui, j'arrive chez ma copine avec un bouquet de fleurs et des petits gâteaux pour le dessert. Elle me regarde avec un sourire narquois et me dit : « Dommage pour toi… J'ai mes règles. » VDM

Aujourd'hui, j'ai mangé tout seul
au resto universitaire.
C'était mon anniversaire. VDM

POUÊÊT!

Aujourd'hui, je suis dans ma 45e année et je suis toujours puceau. VDM

Aujourd'hui je réconforte une copine, dont je suis timidement amoureux depuis au moins 6 mois, de ses déboires avec les mecs, et elle me sort en remerciements : « C'est avec toi que je devrais sortir, ha, ha, ha ! ». Ha, ha, ha. VDM

Aujourd'hui

VDM

Aujourd'hui

VDM

Aujourd'hui

VDM

Aujourd'hui

VDM

ILS NOUS POURRISSENT LA VIE

Lorsqu'un méchant, cynique, félon ou autre lourd est identifié coupable, il n'y a pas de quoi rigoler (enfin là, si, quand même). Certains sont le mal incarné, mais les pires étant les autres qui ne l'ont « presque » pas fait exprès. Que toutes ces raclures de fond de poubelle (euphémisme) grillent à feu doux en enfer.

Aujourd'hui, je suis arrivé à la gare du Nord pile à l'heure pour le train de 19h30. Qui était en fait annulé. VDM

Aujourd'hui, je suis allé au ciné avec la fille qui me plaisait depuis des mois. Après les pubs, elle a dit qu'elle allait aux toilettes. Elle n'est pas revenue dans la salle… VDM

Aujourd'hui, j'ai découvert que ma copine ne prenait plus la pilule. Depuis 3 mois. VDM

Aujourd'hui, un de mes collègues a envoyé un mail tendancieux avant de quitter la boîte. Il y fait clairement comprendre qu'il est gay et que potentiellement moi aussi, grâce à une «dédicace» qui m'est adressée… Ce qui n'est pas du tout le cas. VDM

Aujourd'hui, mon coloc' coréen m'a tellement énervé en bouchant encore l'évier avec sa putain d'habitude de ne pas rincer sa vaisselle que j'en suis arrivé à briser une dizaine de ses baguettes de rage pour ensuite les balancer par la fenêtre. VDM

Aujourd'hui, je suis allé chez le coiffeur. Je ressemble à un travelo, maintenant. VDM

Aujourd'hui, j'ai acheté une photo de portable sur E-bay en croyant qu'il s'agissait d'un vrai... 75 euros pour une photo, ça fait mal. VDM

Aujourd'hui je suis allé à la mairie régler une facture au service comptabilité. Le comptable, d'un certain âge, me demande, en encaissant ma facture, si je voulais bien poser pour lui pour des photos de lingerie... «Ce serait en amateur, pour mon usage personnel. Et je rémunère, bien sûr!... » VDM

Aujourd'hui, j'allais annoncer à mon ami que j'étais enceinte. Juste avant notre rendez-vous, ma meilleure amie, en larmes, a débarqué pour me dire qu'elle couchait avec lui depuis 2 mois. VDM

Aujourd'hui, je me suis tapé la honte en n'arrivant pas à me servir d'un distributeur de préservatifs. Un passant a dû venir m'aider en me gratifiant au passage d'un vieux sourire plein de sous-entendus. VDM

Aujourd'hui, j'envoie un SMS enflammé à celle qui a volé mon cœur. La réponse : « Me saoule pas steuplé. » Les geekettes sont définitivement le Mal incarné. VDM

Aujourd'hui, quand j'ai demandé à ma copine comment elle se voyait dans 10 ans, elle m'a répondu d'un air froid : « Je sais pas. Mais pas avec toi, en tout cas. » VDM

Aujourd'hui, ou plutôt hier soir, j'ai organisé une soirée chez moi avec des collègues de bureau. J'ai donc demandé à ma mère de m'aider en allant faire deux, trois courses. Elle m'a acheté des gobelets Mickey et des serviettes Aladdin. J'ai 35 ans. VDM

Aujourd'hui, j'ai appris que j'étais un harceleur, un violeur, un psychopathe, et que mon ex-copine me faisait une belle réputation. VDM

Aujourd'hui, ma patronne m'a dit : « Vous savez, nos concurrents embauchent eux aussi. » VDM

Aujourd'hui, je suis arrivé tout fier avec mon nouvel imper. Mes collègues nazes m'ont traité de Colombo. Les vraiment très cons m'ont appelé « Inspecteur Gadget ». Boîte de merde. VDM

Aujourd'hui, j'ai sorti mon petit chien. Petit, c'est un euphémisme, vu la merde qu'il a sortie devant les pieds d'une fille superbe que je croise et convoite depuis pas mal de temps. La discussion fut courte... VDM

Aujourd'hui, ou plutôt hier, j'ai conclu avec une fille d'un soir, on avait tous les deux bien bu. Elle a commencé à m'enlever le pantalon et tâter l'entrejambe (j'avais une solide érection). Elle me regarde et me lâche un «tu bandes, là? Ha, ha!» Ha, ha. VDM

Aujourd'hui, j'ai trouvé ma sœur qui couchait avec mon mec dans le lit de ma mère. VDM

Aujourd'hui, mon cousin de 8 ans et demi a trouvé mon vibro dans le salon... Le soir, au resto, il s'empresse de dire à toute la famille que j'ai des «zizis en plastique qui font du bruit» partout chez moi. VDM

Aujourd'hui, je roule avec le fourgon du boulot (nom de la boîte écrit dessus). Je vois la sortie que je dois prendre, une femme m'empêche de me rabattre en accélérant, obligé de freiner pour sortir. Je passe derrière elle, pleins phares. En rentrant, convocation du boss : c'était sa femme. VDM

Aujourd'hui, une collègue de boulot annonce qu'elle organise une petite fête. Elle sort devant tout le monde que je ne suis pas invité pour « préserver l'ambiance ». VDM

Aujourd'hui, on rentre avec ma chérie. En zone piétonne, on manque de se faire écraser par une 306 qui prend le virage très sec, à 50-60. Elle : « Et le clignotant, Ducon ! » Eux stoppent et descendent… C'était la BAC. Finalement, ils étaient pas si pressés. VDM

Aujourd'hui, ma fille me regarde m'habiller dans la salle de bains et me demande : « Dis, maman, quand mes tétés auront poussé, est-ce qu'ils tomberont comme les tiens ? » VDM

Aujourd'hui, en allant à ma voiture, j'ai vu un éboueur en train de la laver avec son Kärcher. Il fait 0 degré dehors, les vitres de ma voiture gèlent d'un coup avec l'eau, je n'ai rien pour gratter. VDM

Aujourd'hui, je suis au supermarché avec ma petite cousine, elle veut des bubble-gums. Je vois un étalage avec plein de paquets colorés et lui demande de prendre ceux de son choix. À la caisse, je m'aperçois que c'étaient des préservatifs. VDM

Aujourd'hui, je me suis fait griller dans la file d'attente à la poste par un vieux qui m'a dit qu'il était avec quelqu'un devant. Évidemment, il n'était avec personne. Il est allé au guichet en se marrant. VDM

Aujourd'hui, pour faire plaisir à mon mari, j'ai mis un porte-jarretelles et des bas résille. Il m'a dit que je ressemblais à un rôti de porc ficelé. VDM

Aujourd'hui, un type vient acheter des fringues à sa copine dans mon magasin. Il me dit : « Elle fait du 44, comme vous, quoi ! » Je fais du 38. VDM

Aujourd'hui, mon patron m'a demandé : « Est-ce que je peux te faire une petite critique constructive ? » Je lui ai dit oui. Il me dit alors : « C'est vraiment de la merde, ce que tu fais. T'as aucun talent, et j'ai du mal à comprendre pourquoi je t'ai embauché. » VDM

Aujourd'hui, c'était mon anniversaire, et ma charmante belle-mère m'a offert une pince à épiler. VDM

Aujourd'hui, un clochard me demande un euro en me montrant un papier sur lequel il était écrit qu'il était muet. Je le lui donne, et il me fait : « Putain, merci ! » VDM

Aujourd'hui, ma mère vient de m'avouer devant toute ma famille que, quand j'étais petite, je « m'entraînais » avec mon ours en peluche et qu'elle se demandait si je continuais. VDM

Aujourd'hui mes colocs se sont attribué des surnoms cool (« Mimi », « Tchou »…). Pour moi, ils ont choisi « Gros Moineau ». VDM

Aujourd'hui, je reviens du marché. J'ai demandé au vendeur des asperges. Il m'a demandé avec un sourire narquois si je les aimais grosses ou petites, j'ai répondu : « Petites, c'est meilleur, merci ! » Hilarité générale chez les commerçants : « Elle les aime petites, la demoiselle ! » VDM

Aujourd'hui, j'ai mangé chez une amie, son fils de 5 ans à table avec nous me regarde et me dit doucement : « T'es moche ! » Quand mon amie revient, je lui raconte la scène, elle le gronde brièvement, et là, le gamin se met à pleurer en hurlant : « Mais elle est pas belle !!! » VDM

Aujourd'hui, au feu rouge, un vieux en cyclomoteur s'arrête au niveau de ma portière. Nos regards se croisent. Il me dévisage, impassible, pendant quelques instants, puis le feu passant au vert, il démarre en gueulant, blasé : « Et c'est pour de jeunes abrutis comme ça qu'on a fait la guerre ! » VDM

Aujourd'hui, une fille m'a emprunté mon portable. Le soir, quand je suis rentrée chez moi, mes parents ont fait une crise : « Qu'est-ce que c'est que ce répondeur ?! » Sachant qu'ils ne m'appellent jamais et que je réponds tout le temps. La fille avait trafiqué mon répondeur en simulant un orgasme. VDM

Aujourd'hui, on m'a demandé de sentir ma purée lors de la pause déjeuner à la cantine de ma boîte. Résultat de la blague, j'ai le visage rempli de pomme de terre. J'ai 35 ans. VDM

Aujourd'hui, une vieille connaissance me rappelle après plusieurs années de silence. Il est très pressé qu'on se revoie, il veut que je passe chez lui dans l'après-midi. J'ai passé l'après-midi à lui réparer son ordi. Depuis, plus de nouvelles. VDM

Aujourd'hui, ou plutôt hier, je marchais dans la rue, en écoutant mon MP3. J'allume une clope, et une femme passe avec son mari et lui dit, en pensant que je n'entendais pas : « Oh, mon Dieu, c'est terrible qu'un si jeune beau garçon doive mourir d'un cancer du poumon ! » Je suis une fille. VDM

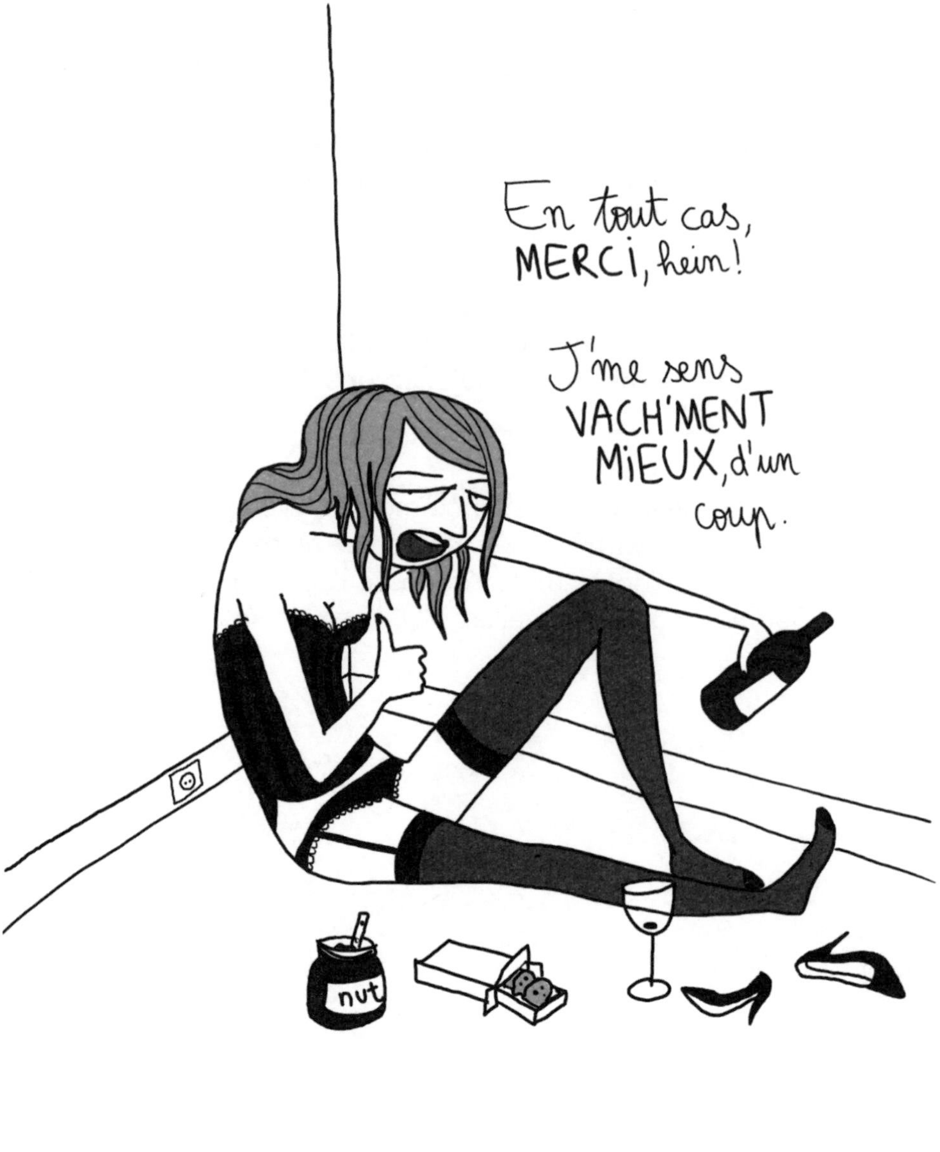
En tout cas, MERCI, hein!
J'me sens VACH'MENT MiEUX, d'un coup.
nut

Aujourd'hui, je me remets enfin de LA rupture.
Je décide de me prendre en main, achète
des fringues géniales et des dessous
sexy pour me réconforter. Je rentre chez
moi, décide d'essayer tout ça et, ravie, je
montre le résultat à ma coloc', qui me répond
GENTIMENT : « Ça te sert à quoi ? T'as pas de
mec. » VDM

Aujourd'hui, comme tous les midis, je vais chercher le courrier. J'ouvre la boîte aux lettres. Le courrier est humide, la boîte aux lettres remplie de pisse. Je me souviens avoir entendu des jeunes bourrés dans la rue, hier soir. VDM

Aujourd'hui c'est mon anniversaire. Mon ex-copain, avec qui je fricotais encore, vient de m'envoyer un SMS. Contente qu'il pense à moi, je l'ouvre. C'était pour m'annoncer qu'il voulait que je sache qu'il avait une nouvelle copine. Quel mec attentionné… VDM

Aujourd'hui, j'ai appelé le service client de ma banque. J'attends 11 minutes avec la petite musique, et quand une conseillère décroche enfin, j'ai plus de crédit, ça coupe. VDM

Aujourd'hui, ou plutôt lundi dernier, je m'assois dans le train, et une vieille dame assise à côté de moi me dévisage. Je lui demande s'il y a un problème, elle se met à beugler : « Willy ! C'est toi, Willy ! Mais où t'étais passé tout ce temps ? » Une heure de train comme ça. VDM

Aujourd'hui, après que j'ai fait la morale à mon meilleur ami, qui couche avec une fille qui a déjà un copain, ma copine, avec qui je suis depuis une semaine, m'annonce qu'elle trompe son mec avec moi. VDM

Aujourd'hui, je suis dans la rue avec mon nouveau copain, j'entends mon prénom, je me retourne et je vois un maître appeler son chien. VDM

Aujourd'hui, mon boss vient me voir dans mon bureau pour m'annoncer que nous avons une grosse réunion demain, avec plein de gens importants. Avant de quitter la pièce, il me regarde et me lance : « S'il te plaît, pour demain, essaye de t'habiller mieux. » VDM

Aujourd'hui, je me baladais dans les rues avec une amie. On nous siffle de derrière, je me retourne et on me dit : « Non, pas toi, ta copine. » VDM

Aujourd'hui, le prof d'histoire nous a annoncé qu'il ne serait pas là lundi après-midi. On était donc très contents de sortir à 12 heures lundi. Sans doute pas tous, car une fille de la classe en a immédiatement fait part à la prof de maths, qui a décidé de remplacer le cours d'histoire par 4 heures de maths. VDM

Aujourd'hui, je devais recevoir mon colis tant attendu (un magnifique sabre de samouraï à 2 000 euros, j'avais flashé dessus) que j'avais commandé sur un site d'enchères. Sauf qu'à la place, j'ai eu la vieille épée en plastique de Zorro. VDM

Aujourd'hui, on a fait une soirée posée avec des potes. LE mec sur qui je flashe me retrouve dans une chambre où je regardais un film. La tension est vive, manque de pot, mon ex se joint à nous. Sa première phrase : « Au fait, pépette, comment va ton herpès ? » VDM

Aujourd'hui, j'accompagne un pote à la pharmacie. J'ai les cheveux longs. Il demande une pilule du lendemain pour sa copine. La pharmacienne se retourne vers moi en disant : « Vous en étiez où du cycle ? » Je suis un mec. VDM

Aujourd'hui, ma grand-mère est montée sur mon ordi portable en pensant que c'était une balance, « pour voir combien elle pèse ». Maintenant on sait, elle pèse 900 euros. VDM

Aujourd'hui, comme tous les jours depuis 2 ans, je croise le même abruti qui ne peut s'empêcher de me dire que je ressemble à Didier Bourdon. VDM

Aujourd'hui, j'ai remarqué que ma grand-mère suçait tous les matins la cuillère du pot de confiture familial puis la remettait dedans. J'adorais la confiture. VDM

Aujourd'hui, mes parents pensent que mon homosexualité est passagère. VDM

249

Aujourd'hui, mon colocataire a écouté à plein volume de l'opéra lyrique tout l'après-midi, et maintenant il joue James Bond à la trompette. VDM

Aujourd'hui, alors que je vois une place qui m'est toute destinée sur un parking, je me la fais « voler » par une mamie qui avait pris la rue en sens interdit. VDM

Aujourd'hui, une amie dont je n'ai pas de nouvelles depuis des mois appelle sur mon portable. Surprise mais contente, je décroche et commence à engager la conversation, quand elle me dit : « Ah, désolée, en fait c'est pas toi que je voulais appeler. » VDM

Aujourd'hui, le gars de mon club de natation que je drague depuis un moment me sort : « Dis-moi… » Moi, aux anges : « OUI ? » Lui : « Si t'avais pas de pieds, est-ce que tu mettrais des chaussures ? » Je réponds : « Bah, nan. » Il me rétorque : « Alors pourquoi tu mets un soutif ? » VDM

Aujourd'hui, je demande des explications à mon père sur l'origine de mon prénom, Marc : « Il fallait que ça soit court et que ça résonne, comme quand on rappelle un chien. » Je dois dire « ouaf » ou « merci, papa » ? VDM

Aujourd'hui, j'ai reçu un mail avec l'objet «chut, ça reste entre nous». J'ai frissonné à l'idée d'une déclaration d'amour… C'était une boutique de vente par correspondance. VDM

Aujourd'hui, je commande un espresso, au lieu de verser du sucre en poudre dedans, j'ai mis la dose de parmesan. Pourquoi ils ont mis du parmesan dans des sucriers? VDM

Aujourd'hui, ma petite sœur de 4 ans a dessiné des petits cœurs et un bonhomme au marqueur sur mon MacBook, «parce que c'est zoli». VDM

Aujourd'hui, ma mère a regardé une émission sur le sida. Elle est venue me dire de faire attention à ça quand je passe à l'acte et tout ce qui va avec. Elle s'arrête un moment et reprend: «Ah, mais tu dois t'en foutre, t'as pas de copain, t'façon.» VDM

Aujourd'hui, enfin cette nuit, je regarde le planning de travail pour le mois prochain. Mon patron me fait travailler la nuit de mon anniversaire alors que j'ai déjà tout préparé et prévenu tout le monde. VDM

Aujourd'hui, j'étais en cours de techno, et le prof commence à nous dire : « Pour ce projet, vous avez besoin d'un ami pour vous aider. » Il se retourne vers moi et ajoute : « Toi, je sais pas comment tu vas faire. » VDM

Aujourd'hui, enfin, à Noël, rendez-vous chez l'esthéticienne afin de subir une épilation à la cire. J'ai donc laissé pousser mes poils disgracieux afin d'assurer une meilleure prise. Une fois le travail terminé, cette connasse d'esthéticienne me sort : « Voilà, on a enfin des jambes de fille ! » VDM

Aujourd'hui, j'ai acheté de nouvelles chaussures en cuir à mon fils. Il a fait une colère sur le trottoir et s'est laissé traîner. Le cuir est déchiré et on a l'impression qu'il a passé l'hiver avec, alors qu'elles ont 4 heures. VDM

Aujourd'hui, enfin ce matin, comme tous les matins, je cours pour choper le bus. Comme d'habitude, je fais un grand sourire au chauffeur pour qu'il m'ouvre les portes au feu rouge. Cette fois, il me fait un grand sourire, me fait un doigt d'honneur et démarre. J'suis arrivée en retard. VDM

Aujourd'hui, je reçois un coup de téléphone de ma mère m'annonçant qu'elle a vendu dans une bourse aux livres trois vieux livres à moi qu'elle a trouvés dans une caisse après notre déménagement pour 1 250 euros et qu'elle m'en donnait 10 %. Ces livres sont des antiquités et valent plus de 7 000 euros. VDM

Aujourd'hui, c'était le dernier jour de la petite stagiaire que j'ai gentiment accueillie au boulot. Elle part à 18 heures, à 18 h 5, je cherche un truc dans mon sac. Il me manque mon iPod et la moitié de mes clopes. VDM

Aujourd'hui, à l'entretien pour le don du sang, la doctoresse me demande le nombre de partenaires que j'ai eus depuis un an. Je donne un (gros) chiffre, ce à quoi elle répond : « On a du mal à trouver le prince charmant ? » VDM

ILS NOUS POURRISSENT LA VIE

Aujourd'hui, j'étais avec deux copines. Au bout d'un moment, l'une d'elles a dit qu'elle devait partir, l'autre laisse échapper : « Ah nan, ne me laisse pas toute seule avec lui. » VDM

Aujourd'hui, j'ai rencontré pour la première fois la mère de ma copine. Lors d'un moment seul avec elle, elle m'a dit : « Tu sais, tu n'es pas le premier, et tu seras sûrement pas le dernier... » VDM

Aujourd'hui, mon fiancé m'annonce après 7 ans de relation qu'il ne m'aime plus. Complètement détruite, je lui demande s'il n'a rien d'autre à ajouter, il me répond fort à propos : « Joyeux anniversaire. » VDM

Aujourd'hui, la prof d'anglais nous a demandé en cours ce que voulait dire *swallow*, je réponds « avaler ». C'est là qu'elle sort devant tous les étudiants : « Eh ben, vous voyez que ça sert les films de cul. » VDM

Aujourd'hui, je tombe sur une lettre de mon coloc' en rentrant, me disant qu'il est désolé d'être parti comme un voleur et qu'il me rendra mes 600 euros dès qu'il le pourra. Je l'appelle, le numéro n'est plus attribué. VDM

Aujourd'hui, après un an de relation, mon mec m'a avoué qu'au lit je lui faisais autant d'effet qu'une grille de mots croisés. VDM

Aujourd'hui, j'ai bousculé une petite mamie dans le bus. Je m'excuse platement et vais m'asseoir. Elle hurle et va vers le chauffeur. Trois arrêts plus tard, des flics montent dans le bus, m'encadrent et me sortent. Dehors, la petite mamie leur explique que je l'ai traitée de vieille cochonne, en hurlant. VDM

Aujourd'hui, j'ai découvert qui venait fumer MON herbe dans MA chambre. Ce n'était pas mon petit frère. C'étaient mes parents. VDM

Aujourd'hui, je me réveille par terre chez des amis. La soirée a été bien arrosée, et j'ai mal à la tête. Je marche les 5 minutes qui me séparent de ma voiture. Les gens sont bizarres sur le chemin. Une fois au volant, je jette un coup d'œil dans le rétro. J'ai un pénis au marqueur noir sur le front. VDM

Aujourd'hui, je reçois des nouvelles de ma meilleure amie et de mon ex : un faire-part de mariage… Coïncidence, ils se marient le même jour. VDM

Aujourd'hui, je rentre d'une semaine de déplacement à Paris, tout content de pouvoir profiter du jardin. J'ai bien compté, cette saloperie de taupe est ressortie 43 fois pour voir si j'étais rentré. VDM

Aujourd'hui, en cours de maths, je sors une blague très drôle à mon voisin, qui avait la tête enfoncée dans les mains. Il rit dans ses mains, et fait un gros bruit de prout. La classe se retourne vers nous. Il me regarde et dit très fort : « Eh ben, t'as troué la chaise ! » VDM

Aujourd'hui, j'ai décidé d'inviter ma copine à manger au resto. Je reste galant tout le long du repas. Au moment de payer, je me rends compte que je n'ai plus d'argent dans mon portefeuille : il y a juste un mot de mon petit frère qui dit : « Je dois inviter ma copine au resto, je te rembourserai ! » VDM

Aujourd'hui, après 40 minutes de queue à la poste, on refuse de me donner un colis parce qu'il est au nom de mon fils et qu'il n'a pas signé l'avis de passage. Mon fils a un an, et il n'a pas eu le cadeau de sa grand-mère pour son anniversaire. VDM

Aujourd'hui, j'ai reçu ma facture SFR. Tout content de mon forfait Internet illimité, je profitais allégrement de la connexion sur mon PC via mon tél' qui, d'après la vendeuse, était incluse dans le forfait. Montant de la facture : 540 euros. VDM

Aujourd'hui, c'est mon anniversaire, j'ai 35 ans. Je suis prof de physique, et mes élèves m'ont offert un déodorant. VDM

Aujourd'hui, en allant au casino avec des amies, j'ai fini au poste. Le vigile ne voulait pas me laisser entrer et m'a accusée d'avoir une fausse carte d'identité. Ça se voit, d'après lui, que je n'ai que 16 ans. J'en aurai 21 le mois prochain… VDM

Aujourd'hui, en désespoir de cause, je vais à une rencontre de speed dating. Après 7 minutes, la fille me dit que mes réponses ne la satisfaisaient pas. Quand je lui demande à quel moment elle a pris sa décision, elle me répond : « Quand tu m'as dit : bonjour. » Au revoir. VDM

Aujourd'hui, je lisais la fin de mon livre. Je tourne la page et vois griffonné en haut : « C'est Paul qui meurt à la fin, tué par Loren… Fallait pas me faire chier. » C'était ma sœur avec qui je me suis disputé hier… VDM

Aujourd'hui, je suis allé à la mairie pour refaire mon passeport. Après 2 heures d'attente, l'employée au guichet me reçoit, vérifie mes papiers et mes photos. « Votre figure sur la photo est trop grande de 1 millimètre. Vous devez les refaire. » VDM

Aujourd'hui, j'étais dans la foule en train de danser devant un très grand groupe lors d'un festival de musique. Un mec me donne une petite tape sur l'épaule, je me retourne, et là il me dit : « Ah nan, en fait, t'es moche. » VDM

Aujourd'hui, moi à ma fiancée, romantique et ému : « Qu'est-ce que je ferais sans toi… » Elle, réaliste : « Bah, tu te branlerais. » VDM

Aujourd'hui, j'ai voulu motiver une p'tite mamie (dans ma maison de retraite) à se faire une beauté. J'ai cru bon la taquiner sur son aspect, et elle m'a rétorqué : « Si j'avais mon cul qui ressemblait à ton visage, j'aurais trop honte d'aller me torcher ! » C'est fini, les p'tits vieux, je démissionne. VDM

Aujourd'hui, je me suis pris le petit orteil dans le coin de mon armoire. Je le montre à mon chéri pour qu'il constate les dégâts. Il me répond : « Y a rien, tes orteils ressemblent toujours autant à des Knacki Ball. » VDM

Aujourd'hui, je me suis défoncée en cuisine, j'ai préparé des bons petits plats pour mon chéri, je l'ai entendu arriver et crier dans les escaliers : « Ça pue la merde ! T'as cuisiné ? » J'ai tout balancé dans la poubelle. À midi, on mangera des sandwichs. VDM

Aujourd'hui je rentre de boîte, il est 4 heures du mat, il pleut, il fait 5 degrés, et je suis à pied. Je fais du stop en marchant un peu. En chemin, une voiture s'arrête à côté de moi, baisse la vitre, le mec balance « il fait froid hein ! ? » et repart en trombe. VDM

Aujourd'hui, un jeune est venu dans mon jardin, pour reprendre son ballon. Je m'en suis aperçu parce que pour sauter le mur, il a pris appui sur un tube qui relie mes deux cuves de fioul. Résultat : tube cassé, 2000 litres de fioul dans mon jardin. VDM

Aujourd'hui, je vais voir un pote. Je pose ma voiture devant chez lui. Après avoir salué sa mère, on s'absente un peu, et en revenant on voit ma caisse qui part sur une dépanneuse. Sa mère avait besoin de sortir de son garage et « un con avait mis sa voiture devant ». VDM

Aujourd'hui, ma voisine vient sonner pour me demander de stopper immédiatement les bruits qui proviennent de chez moi, car cela ressemble à des « hurlements de phoque assez bruyants » et parce que ça l'empêche de réviser. J'étais en train de rire en lisant VDM. VDM

Aujourd'hui, un type me dit : « Salut, belle blonde ! » Je lui réponds : « Mais ch'suis pas blonde. » Et c'est là qu'il me sort : « T'es pas belle non plus. » VDM

Aujourd'hui, je vais faire mes courses. Je me gare correctement sur une place de parking et, en revenant, je vois mon rétro éclaté, en train de pendre, retenu par les fils et un Post-it sur le pare-brise. Je me dis alors : « La personne a été honnête, c'est cool. » C'était écrit : « Enculé, t'avais qu'à mieux te garer ! » VDM

Aujourd'hui, je rentre chez moi et prends mon courrier, comme tous les jours. Parmi les pubs, une lettre de l'ANPE me demandant de me rendre à un entretien avec un conseiller, sous peine de radiation. Je prends mon agenda et note le rendez-vous fixé à… avant-hier. VDM

Aujourd'hui, je suis allé chez IKEA. En sortant du magasin, mon ticket de caisse est tombé de ma poche. Quand je m'en suis aperçu, je suis retourné au magasin pour faire un duplicata. Lorsque je suis retourné à l'entrepôt, quelqu'un avait récupéré mon meuble. VDM

Aujourd'hui, j'étais dans un bar avec des potes, lorsque je vois une fille superbe assise à côté de notre table. Au moment où je veux me lever pour aller l'accoster, mon meilleur ami se lève et gerbe à ses pieds. VDM

Aujourd'hui, au travail (je suis opticienne), je donne une nouvelle paire de lunettes à une petite fille et lui demande si elle voit bien avec. Elle me répond : « Oui, trop bien, t'as deux gros boutons sur le nez ! » VDM

Aujourd'hui, je rentre chez moi en bus. Déposée à l'arrêt, je descends avec un copain. Il pleut très fort, on arrive devant sa maison, et il me dit : « Rentre, rentre ! » Je lui dis : « Oh, merci ! » Il me regarde bizarrement, et me rétorque : « Mais non, rentre chez toi ! » J'habite à 200 mètres de là. VDM

Aujourd'hui, je prends le TGV. Je suis dans le carré. En face de moi, une femme, et à ses côtés son mari. Après le départ du train, le gars décide de caresser sa copine (qui dort), mais c'est ma jambe qu'il touche. Gêné, je lui fais remarquer, il me répond qu'il sait… Il reste 1 h 30 de trajet. VDM

Aujourd'hui, j'ai évité une voiture qui arrivait à contresens sur ma voie. Du coup, j'ai défoncé la mienne dans un arbre sur la droite de la route. L'assurance refuse de payer, parce que je n'ai pas touché l'autre voiture, je me serais donc volontairement lancé dans l'arbre. VDM

Aujourd'hui, mon meilleur ami m'a invité à manger chez lui. En allant aux toilettes, je vois dans une coupelle l'alliance de ma femme qu'elle avait perdue depuis une semaine. VDM

Aujourd'hui, ou plutôt hier soir, je rentre avec un gars sympa chez moi. Folle nuit, je me dis que j'ai enfin un copain sincère. Ce matin, en fouillant dans ses SMS envoyés, je vois : « Tu me dois 50 euros, c'est une vraie rousse. » VDM

Aujourd'hui, et pour la première fois de ma vie, j'ai demandé à un garçon son numéro de portable. Il m'a proposé un plan cul par texto. VDM

Aujourd'hui, dans le lit, je me colle contre mon copain. Il me demande de me retourner pour se coller contre mon dos. Je m'exécute puis lui demande s'il est bien comme cela. Il me répond : « Oui, beaucoup mieux. Comme ça, je vois pas ta tête au réveil. » VDM

Aujourd'hui, le gars de la hotline chez Wanadoo me dit d'aller dans le Panneau de Configuration. Je lui dis que j'utilise Linux et que je n'ai pas de Panneau de Configuration. Après une longue pause de réflexion, il sort : « Vous devez réinstaller Windows et aller dans le Panneau de Configuration. » VDM

Aujourd'hui, je me suis rendu compte que mon gentil collègue avait soigneusement changé la signature de ma boîte mail professionnelle. Ça fait une semaine que toutes les personnes à qui j'envoie un message reçoivent en plus « Je suce pour un euro » avec mon numéro de portable après. VDM

Aujourd'hui, je vais faire relier mon rapport de stage chez un imprimeur. Ça me coûte 22 euros. Je fais remarquer à la vendeuse que la moitié des pages sont mal reliées. Elle bougonne, me rend mon argent et le déchire devant moi… avec des feuilles en exemplaire unique. VDM

Aujourd'hui, c'est mon anniversaire. Il y a du monde, une bonne ambiance, bref, je passe une excellente soirée. Arrive mon copain de l'époque avec un paquet cadeau. Le paquet en question contenait un gel douche où il était écrit « Savon spécial croissance pour petits seins ». VDM

Aujourd'hui, cours de sport, c'est saut en hauteur. J'arrive à sauter 1,35 m, soit 20 centimètres de plus que la moyenne des filles. Trop fière de moi, je me vante un maximum. 30 secondes plus tard, le prof vient me voir et me sort : « Avec le cerveau en moins, c'est plus léger. Normal que tu sautes haut ! » La honte. VDM

Aujourd'hui, une dame me demande si la calculette qu'elle achète pour sa fille est bien (je suis caissière en contrat étudiant). Je lui dis oui, et que je l'ai utilisée pendant toutes mes études. Elle me répond : « Vu où vous avez atterri, je pense pas que je vais prendre celle-là. » VDM

Aujourd'hui, je reçois un SMS du meilleur ami de mon fiancé : « Pour notre soirée, tu peux mettre une tenue sexy ? C'est mon rêve ! » Amusée, je lui réponds : « Tu t'es planté de destinataire, moi c'est Émilie ! » Il me répond : « Non, hier ton mec a perdu au poker. J'ai gagné une nuit d'amour avec toi… » VDM

Aujourd'hui, grosse dispute avec mes voisins, qui assurent que je fais trop de bruit. Ma sœur est là, prend ma défense et s'énerve. Je lui dis : « Mais laisse tomber, ce sont des vieux cons. » Plus tard, mot du facteur sur la porte : « J'ai laissé votre colis à vos voisins. » VDM

Aujourd'hui, j'étais en train d'installer une ampoule au plafond quand ma femme est entrée dans la pièce et m'a dit : «Bah tu vois rien, je t'allume la lumière». Et elle l'a fait. VDM

Aujourd'hui, mon chéri s'est mis pendant la nuit à hurler «attention ça va exploser!», à sauter du lit et à me tirer par les jambes. Dois-je lui confisquer ses jeux vidéo de guerre ou rompre pour cause de somnambulisme? VDM

Aujourd'hui, le téléphone sonne, je me précipite en courant pour répondre, je me prends les pieds, tombe sur un fauteuil en fer. Les larmes aux yeux et le souffle coupé, je décroche le combiné : «Oui allô, bonjour, c'est pour un sondage.» VDM

Aujourd'hui, j'ai fini de lire toutes les VDM. VDM

Aujourd'hui

VDM

Aujourd'hui

VDM

Aujourd'hui

VDM

Aujourd'hui

VDM

REMERCIEMENTS

À Antoine Descamps, Antoine Descazals, Julien Azarian et Yann Asselin pour leur participation quotidienne à l'aventure viedemerde.fr.

À Didier Guedj, Harold Jonesier et Laura Cherfi, pour leur précieux concours à la réalisation de cette ouvrage.

… et puis milles sourires à Michel, Virginie et Sophie.

Achevé d'imprimer
sur les presses de l'imprimerie Corlet

Dépôt légal : octobre 2008
ISBN : 978-2-35076-091-9